旅行，或許是該留些遺憾

我的步城文旅圖

Eddie Ko（艾迪摳）著

謹將此書獻給爸媽、姊姊們

以及旅途上所有的不期而遇

推薦序 | 蔡昌憲

我們都需要勇氣來成就最眞誠的自己

在這本醞釀十年的旅行作品誕生前，許多故事我早已聽我老婆在耳邊講過了好幾百回。很開心我們的好友 Eddie 完成他朝思暮想的人生目標，即便我們都不了解為何出版一本旅遊書對他如此重要，願意在休假時耗費大量精力去撰寫及整理旅行的故事。

但當我閱讀完此書之後，才明白他在多重角色的轉換過程裡，始終試著扮演好當下自己的模樣，用最真誠的口吻去闡述當時的記憶，只為了留下一點生活真實的記錄，讓那些平淡無奇的日子，增添些許值得回憶的片段。我才想到自己也是屬於不斷探索自我的能力與極限的個性。從歌唱選秀節目開始，之後我在音樂、電影、戲劇、主持等不同領域中努力找尋自己的熱情和興趣。在音樂領域我也希望能像 Eddie 一樣，用最真誠的自己做出一張專屬於個人的專輯，但那是需要多麼大的勇氣跟努力。

我偶爾也會回想起主持《在台灣的故事》時的場景。北港朝天宮前的中山路，每家店都是經典的美食老字號，走過店家都是熱情招呼，撐破了肚皮才走得完；澎湖的每位受訪者，把第一次見面的我當作家人看待，準備了整桌豐盛的海味，都是我最難忘的饗宴，那些都是過程中最

美的風景。充滿人情味、友善的當地居民也總是在錄影的過程給我極大的鼓勵,儘管再累、再苦,卻都能讓我充滿能量,繼續堅持下去。

我非常欣賞日本動畫《航海王》中的主角魯夫在失敗與挫折的過程不斷地成長,使自己變得更強。正如同 Eddie 書中在旅行的過程找尋生命的可能與存在的價值一樣,一路上我也曾是跌跌撞撞,找不到自己在演藝圈無法被取代的位置,只能不斷地嘗試各種可能並無限延伸。在主持上只能不停的練習,把話表達清楚,吸引觀眾目光一直是很難的事情;在戲劇上雖然演過許多的角色,卻很難在角色與自我之間表現到最好的狀態,許多事情都真的得經歷過失敗、痛苦及懊悔才會有所成長。生活不會永遠一帆風順,但因為家人與身邊朋友們無私的陪伴與支持,給了我乘風破浪的勇氣,我才能夠繼續朝著自己理想的航道前進。

將塵封心底多年的故事解除封印需要耗費多大的力氣。這本看似單純旅遊故事的書籍,卻是一本在旅途上不停追求自我心靈成長以及回顧年少旅行與自身經歷結合的集大成之作。後來仔細想想,我似乎暫時不需要旅行了,只要讓靈魂跟著 Eddie 的首本作品《旅行,或許是該留些遺憾:我的步城文旅圖》裡頭的故事出發就行!

推薦序｜陳浪

每一次遠行都是緣分的累積

　　和 Eddie 認識好多年了，我們之間的緣分源自於對旅行的共同喜愛，也可以說是兩個旅人的相知相惜。從我還是一名新人作家開始，Eddie 便像親哥哥一般陪在身旁，聽我說著旅途中的大小事，也總在我徬徨迷惘時，適時地伸出援手，讓我找到繼續寫作的理由。

　　一轉眼，我已不是當年懵懂的大男孩，而 Eddie 也因為工作的關係，累積了各地的旅行經驗，並整理成精彩的文字與照片，推出個人首本著作《旅行，或許是該留些遺憾：我的步城文旅圖》。在疫情肆虐的年代，替我們留住一份對自由的憧憬、對世界的想望。

　　書中的旅程，洋洋灑灑幾萬字，寫的是一名旅者的養成。年少的靈魂，行囊裡總有太多遠方，一部分化作自身閱歷，一部分則成為既美好又酸楚的遺憾。在不同國家、城市遇到的緣分，有時後會無期，有時得以再續，無論最後留下的是一個人，一個眼神，甚至只是一句話，或多或少也形塑了旅人今天的模樣。Eddie 用懇切的文字，分享著旅行中擁有的曾經，也剖析內心，細述那些關乎失去的篇章。

　　一個優秀的旅者，除了擁有豐富的行旅故事之外，還要懂得將其與世界分享。將自己在旅途中收到的禮物，轉送給未來的旅人，是我

們應盡的責任。因此，我總是樂見愈來愈多人，在奔浪四方之餘，也能將所見所聞，用自己的方式記錄下來，甚至編輯成冊，成為獨一無二的旅行創作。

　　我們的存在都是極其短暫的，但是每一次緣份的交錯，每一段故事的傳唱，也可以成為某種永恆。在此誠摯推薦本書，也期待各位有緣的讀者，細細品味 Eddie 文字中的感動，並帶上這份感動，在自己的人生旅程裡，燦爛地流浪。

前言
疫情後的日子

　　「你現在沒有上班都在忙什麼呢？」如此簡單的問候，成為近期遇見久違同事時的制式開頭。

　　尚未趨緩的新型冠狀病毒疫情正讓世界面臨相當艱難的挑戰，各國政府都嚴加控管疫情蔓延並研擬解決之道。身為臺灣的一份子，除了感謝政府在處理問題的警覺性與敏銳度，讓臺灣能逐漸恢復往昔的生活樣貌，在工作時更是全力配合公司實施的各項安全措施，以協助每一位旅客守護其自身健康，成為防堵疫情擴散、引領乘客平安歸航的安全領航員。

　　但卸下應盡的職責後，我同時也是深受疫情嚴峻影響的一員。

　　以往繁忙的工作忽然變得無所事事。別人的工作是月休八天，而我現在每個月還不一定有八天班，平均出勤日不及巔峰時期的四分之一，以至於薪資大幅縮減，連帶著習慣的生活也隨之改變。

不過，生活周遭不乏因為疫情因素而影響人生規劃的朋友。有的是計畫出國深造最後卻只能失落回台、還有的是好不容易進入夢想的產業，最後卻只能落得被資遣。一位在照相館工作的朋友說：「以前大家來相館沖洗大頭照幾乎都是為了辦國際簽證，現在大多是為了應徵工作時用在履歷上，我看了也是感觸良多啊！」現在想來自己其實已是幸運的一群。

　　反觀各大國際知名公司因為經營困難而開始精簡人力，全球性大規模縮編裁員只希望減少虧損，最後卻仍不敵疫情宣告破產的案例比比皆是，全球仍處在一場水深火熱的抗疫階段，但身居臺灣的我仍可健康及安心生活真的已是莫大福祉。

　　「我從未想像過有一天世界會變成這個模樣！」那天工作超過二十五年的資深同事語重心長地向我們傾訴。

　　「以前每個月只為了工作與家庭而活，總在嚷嚷沒有時間可以去實踐自己真正想做的事情。反觀現在多了許多空閒，卻讓許多計畫因此延宕，依舊一事無成，讓我頓時失去重心，彷彿一場看不見盡頭的盲目追尋，不知為何而奔跑、更不知為何而生活。」

　　但是我也時常聽到同事分享著自己利用了空閒時間去精進自我的語言能力、去學習烘焙、美容、香氛等第二專長，或是單純重拾年少時的興趣，再度開始衝浪、健身、跳舞、潛水、登山或者練習樂器，甚至有人學習錄製 YouTube 的影片、製作 Podcast 的廣播節目等等。

　　僅管並非所有的努力最終都能轉換為實質的成效，但成功的背後是一連串無止盡的堅持與累積，即便大部分的生活都不在天上飛，不過一步一步在日常生活當中，依舊能走得踏實且令人心安。

這時我才驚覺，這場危機何嘗不是一次的轉機。

自從大學畢業、退伍之後便一頭栽進了職場，一路上戰戰兢兢走得匆忙，連熱愛的旅行生活也始終未曾停歇，但捫心自問我有多久未留時間給自己，去消化及沈澱這些年來所獲得的養分？以往簡單容易、看似理所當然的出走，怎麼會突然變成一種遙不可及、令人不敢希冀的奢望？

二〇二〇年最重要的課題，無非「珍惜」二字。

疫情的緣故讓我深感生命的無常，現今擁有的一切不知道何時會瞬間瓦解崩盤。我們永遠也無法得知「明天」與「意外」哪一個會先到來，再多完善的、規劃好的將來，永遠也不敵珍惜且把握當下的重要性。

生活是要先好好照顧自己，自己才能夠好好生活的過程，而生活裡最重要的珍惜，也只是不讓未來留下任何遺憾，人生就不會有太多早知道的惋惜，如此而已。

在沒有旅行的日子裡，慶幸仍有旅行的回憶，能讓我行走在文字之間，並徜徉徘徊於故事裡，短暫滋養即將乾枯的心田，

衷心期盼世界能早日恢復過往的美好與榮光。

Eddie ☺

你尚未抵達的遠方，我把故事帶回來

「聽別人故事，如何的春風得意，也是人故事。我要走他鄉一次、寫故事一次，或是真真的不易，都想試一試。」

二〇一二年五月十一日，歌神陳奕迅在中國西安舉辦了 DUO 世界巡迴演場會。這是我人生中第一場演唱會。開場歌曲以一種充滿迷幻氣氛、詭譎感十足的前奏，搭配他低沈渾厚、富有情感的歌喉，輕柔地哼唱出粵語歌曲《今天等我來》。即便我聽不太懂廣東話，但前幾句的歌詞卻仍令人猶如醍醐灌頂，解答了我心中長久以來的困惑。

演唱會結束的當晚，我失眠了。

不是為了偶像毫無冷場的精湛演出，而是因為心中萌發出一個從未想過的念頭，正在蠢蠢欲動，令人興奮到無法安穩入睡。

前陣子，閱讀到一篇文章中所提到的概念，斜槓青年（Slashie）一詞，指的是一個人同時身兼多種工作身分，在自介中用斜槓區分。例如：「攝影師／作者／旅行家」。

在開始多年的「空中飛人」職涯之前，二〇一一年，我曾在大學期間工讀，自存旅費，利用暑假前往加州移動式樂園 Work & Travel 擔任「外籍勞工」，並在樂園交替的空擋自助遊歷鄰近的城市；回臺後由於嚮往國外的生活，便著手申請國外公費交換生的資格，再次出發到中國蘇州大學展開為期半年的「交換學生」生活，並利用課餘時間獨自橫掃中國大江南北的景點。算是替充實的大學生活做個完美結尾，但卻意外成為了我旅人生涯的開端。

一直以來，喜愛透過文字與影像分享生活中經歷的大小事物，只為了能夠抓住這些稍縱即逝的韶光，讓我在爾後的日子裡還有故事能夠回憶當年。在不奢求任何回報的情況下，這些記錄就是見證我曾經認真活過、愛過、存在過的最佳證據。但對於凡事缺乏耐心、永遠都只是三分鐘熱度的我來說，旅行這件花錢又傷身的「麻煩事」，竟然也或深或淺地走了將近十個年頭。

或許，這就是一直以來，我的生活始終忙碌不堪的原因吧？

是骨子裡的勞碌命格讓我片刻不得清閒，也是我過於執著，不願放棄任何值得把握的機會。當時的我完全沒有思考這麼多，直到現在才頓時恍然大悟，在多重身份彼此交替、重疊與轉化的過程中，唯有旅行，才是我詮釋生活的根本、貫穿人生的核心。

世界是一座浩瀚無垠的學校，而每座城市都是我一門人生的必修課程。

即使現實的世界並非都像童話故事般光明美好，永遠幸福的快樂結局絕非真實的人生。但旅行中勇於面對失敗與挫折的經驗，給予了我繼續努力向前的勇氣，面對生活中各項的艱難挑戰。

透過一次又一次的練習，我也學會在一片雜亂無章的思緒中逐漸地能夠尋得一絲軌跡與脈絡，篩選自己想要好好珍惜與保存下來的記憶。這幾萬字的字裡行間中，我幾乎是毫無保留地用力敲下每個鍵盤，只為了提醒自己，別忘了要牢記旅行中那些不期而遇的緣分與故事，還要深深感謝始終相信能夠達成夢想的自己。

　　這些故事即將要出版成冊了，感謝出版社與編輯的信任及肯定，並賜予我這個能夠分享的機會。對於旅行的路途上曾給予我任何鼓勵與支持的朋友們，心中依舊充滿無限的感激。或許無法像其他旅遊書籍提供實用的景點資訊與介紹，因為這是關於我每一個旅行時光的日常，每一段與陌生靈魂交織、相識的過程。旅行，對我而言是無法等價計算，無法量化收穫，更無從比較優劣勝敗的課程。

　　我不是一位迷信的人，但是我始終相信——凡事，都有它存在與發生的理由。

　　在「若 P，則 Q」的邏輯性條件句中，表示 P 和 Q 之間有條件關係存在著。生活若是由一連串的抉擇組合而成，那麼每一次的選擇，都將帶領我們步上不同的軌道，踏上截然不同的旅途。風景與經歷都是不斷相連的過程，那麼過去汲汲營營所追求的夢想，其實也就不是追來的，而是在勇敢面對各項挑戰過後，隨之而來的。

　　如果當初的我並未曾踏上這條名為遠方的路途，那麼今日的我，是否仍會相同？

　　最後，感謝不論為了什麼原因，而拿起這本書開始閱讀的你。

　　出版曾是我一個遙不可及的夢想。

　　謝謝你，至少願意陪我任性一次。

Contents

Part 3. 天際間的飛行

世界
最初的模樣

生活與旅行
本來就是同一件事.

美國
Ameri

前進夢的彼端・加州

　　每一件當下發生的小事，或許都會成
為往後最難忘的記憶。

　　說到加州遊樂園，普羅大眾的答案不
外乎是全世界第一座迪士尼樂園、充滿好
萊塢特色的環球影城，或者是以刺激遊樂
設施、挑戰人體極限聞名的六旗魔術山。
但不知道你是否曾在美國電影裡見過「移
動式遊樂園」？那好比我們兒時參與過的
臺灣的廟會慶典一樣，是美國人童年最典
型、最珍貴的記憶。

　　幅員遼闊的美國，舉凡遇到寒暑假與
特定節慶，總會有移動式樂園的出現。在
空地臨時搭建起巨型摩天輪、雲霄飛車、
旋轉木馬等簡易型遊樂設施與攤販，不間

斷地前往各大城鎮巡迴駐點，停留數周至數月不等。樂園內不僅規劃有刺激的設施與互動的遊戲攤位，還包括特色餐飲區、動物體驗特區與各大展覽會館，甚至不定期還有美國青少年偶像會在此舉辦個人演場會，彷彿是場盛大的年度嘉年華，從白日狂歡到夜晚，非常適合與三五好友相聚，或者攜家帶眷前往同享天倫之樂。

加州的 RCS 移動式遊樂園，正是我大學暑期參加美國 Work & Travel 計畫的工作地點。

即將升大一的暑假，偶然在書局翻閱到大學生美國暑期工讀的相關資訊，令我燃起濃烈的興趣。

我沒有任何出國經驗，但每當聽聞他人分享國外旅行的事情，內心總是無比羨慕。求學階段不曾離開過家鄉的我，何嘗不想親自體驗多采多姿的世界？無法在渴望享受自由的時代於異地生活，儼然成了自己的小小遺憾。

但我明白，父母辛苦養育我，讓我能無憂慮地讀大學，不該因為一個任性的念頭，便要他們掏出一大筆開銷讓我自私逐夢。這件事必須得靠著自己的努力去執行，才更有意義及說服力。當這個想法如同種子在心底逐漸萌芽、在腦海中久久揮之不去。

我知道，此事非得成功才行！

我是一位喜愛規劃的摩羯男，將目標預定在兩年後的暑假。一方面因為即將展開的新生活需要時間適應，倘若倉促將計劃預定過早，勢必會將自己忙得焦頭爛額；另一方面則是兩年的時間，才足夠我利用閒暇之餘爭取活動代辦經費，與爾後所需的生活支出。

為了這個目標，大學時期除了要應付繁忙的課業與考試外，剩餘

的日子幾乎都在補習班擔任櫃檯、行政與帶班導師等職務中渡過，經常將自己深陷在蠟燭兩頭燒的窘境。幸好，感謝身旁許多好友的體諒與幫助，才讓我能不耽誤課業的進度，甚至有餘力參與系學會活動，不與同學疏遠與脫節。

　　過程中也曾幾度想過要放棄這個夢想。

　　那段時期，打工結束後便急忙驅車返回學校參與課業討論，三更半夜仍在挑燈夜戰都是平凡日常，數次懷疑為何自討苦吃、將自己逼上絕路。即便如此也咬緊牙根硬撐了下來。直到開始申請簽證，每隔一段時間獨自北上參加說明會，經歷一關又一關的面試任務後，最後終於確定取得了錄取資格！

　　欣喜若狂地向爸媽分享這個消息，我終於憑藉著自己小小的努力實現了大大的心願！卻意外得到爸媽的冷嘲熱諷回覆：「存了那麼辛

苦的薪水，難道要這樣一次花掉才會開心嗎？」

　　即便了解他們是深怕身處遙遠又陌生異鄉的我無法照顧自己，但這種被潑冷水的感覺，使我們經歷了好長一段時間的冷戰。最後透過姊姊們不斷向爸媽溝通表達我的決心，他們才選擇相信並支持我的決定。

　　出發當日的清晨，他們兩人堅持要送我搭車，還準備了我平時最常吃的培根火腿蛋土司加大冰奶讓我當早餐，反覆叮嚀一切要以安全為重，目送我進入閘門、登上月台，乘著名為成長的自強號列車，驅車向北。

　　一路上，隨著窗外景色一格一格的轉變，這些日子裡數不盡的苦澀終於轉化為迷人的甘甜。此時此刻，我仍清晰牢記著他們滿是擔憂與不捨的眼神，登機前最後一次通話也盡是媽媽撈叨的叮囑，為了不讓場面失控，我不斷嬉笑打鬧著說會帶好多的紀念品回來送給他們。但我知道，唯有我平安且順利歸來，才是他們夢寐以求的禮物。

　　夜深了，飛機準備啟程，屬於我的冒險，即將起飛。

　　樂園工作期間共經歷了三次的移動，從位於橘郡的 OC Fair 到加州炎熱沙漠區的 Antelope Valley Fair，最後回到洛杉磯市區的 LA County Fair。那是我首次踏上美國這塊土地，所有的感官知覺都被

調放至極大，用真心、用靈魂、用盡生命去感受這一切的得來不易。遊樂園工作的日子是我求學階段最寶貴的一段經歷，不僅結交了許多同甘共苦、相互扶持的朋友們，旅行

間所發生的故事，更深深影
響著我日後看待世界的角度
與態度。

　　有時候，我會想起臺灣
媒體以極度批判的口吻，報
導臺灣研究生到澳洲屠宰場
當屠夫的新聞。言語犀利、
嚴厲譴責當今社會未能讓莘
莘學子發揮專長並學以致
用，才需要遠赴他鄉、謀求生計。

　　這樣的報導，往往引發兩派勢力相互對抗。一方的解讀是為了
優渥的薪資，而去擔任當地居民不願從事的低階工作，無法確實累積
工作經驗，是浪費生命的選擇；另一方則認為這獲得了不可取代的回
憶，生命要的是生活，而非生存，這是人生重要體驗的一環，無關收
入好壞。

　　姑且不論哪一派的論點較為正確，當我無形之中變成了別人口
中的「臺勞份子」，回到臺灣看見路上那些過往未曾留意的外籍移工
們，竟然開始與他們產生眼神的交會，這是唯有當自己曾經經歷過，
才懂得體會他們離鄉背井的辛苦與無奈。而這樣的世界不再與我遙
遠，都是正在發生的事情啊！

　　至今，我仍感謝那位年少輕狂、勇於實踐任性的決定、更忠於追
尋目標的自己，改變了許多我未曾想像過的曾經。不只是增強了對世
界的好奇與憐憫之心，同時，也正式啟迪了我未曾停歇的旅行魂。

最昂貴的一堂教訓・迪士尼

　　夢想，實踐的過程難免巔跛，卻又讓人趨之若鶩地追尋。不過，似乎任何事情只要掛上「夢想」兩個字，便瞬間有如黃袍加身，變得無比高尚、法力無邊，不小心就忘了現實往往是扼殺美夢的劊子手。

　　乘載著我美國夢的航班降落在洛杉磯國際機場時，心中滿是激昂，不言而喻的興奮全展露於神情。美國打工之旅開始前，為了能對這個國家有初步的接觸與認識，於是我與同行夥伴 Erin 提前一週抵達美國，在人生地不熟的環境，受到 Erin 姑姑一家人無微不至的照顧，時常帶著我們至各地觀光。

　　我們為了把握有限的時間，搶在開始工作前便展開旅行，第一站就是前往世界上第一座迪士尼樂園。抵美的第二天，興奮地起了個大早，火速著裝完畢，便準備出發。

　　「你們等等會帶著護照出門嗎？」我手握著護照問道。

　　「我們不能買兒童票了啊，今天應該也用不到吧？」同行夥伴們這樣回答。

　　也對，於是就將護照丟進了行李箱。鎖妥，出門。由於尚未申請當地帳戶存放攜帶的生活費，於是我在身懷鉅款的狀態下，開始了迪士尼樂園之旅。

　　不得不佩服，迪士尼就是一個販賣夢想的快樂國度，無論大人或小孩都得對它俯首稱臣。當陪伴兒時成長的卡通人物用一種極度浮誇

的肢體動作與你互動，任何童心未泯的人都會頓時陷入失控狀態，更別提那些讓人身歷其境的建築裝潢及場景佈置，所有的一切都是一種能讓人心甘情願掏空荷包、不假思索就結帳買單的奇幻魔法！

　　樂園內規劃良善的園區，讓人能迅速轉換不同主題，搭配街頭卡通明星與遊行活動的交錯進行，僅僅一天的時間便想要玩遍兩座樂園，是件貪心的事情！在 Andy 哥與 Peggy 姐的帶領之下，讓我們能順利完成這項不可能的任務，並且沒錯過任何一項經典。

　　對於剛認識不久的我們而言，一起玩樂園是最快熟識彼此的方式。直到傍晚時分，決定挑戰類似臺灣急流泛舟的「Grizzly River Run」。

　　Andy 哥說：「這項設施不像臺灣這麼溫和，很容易全身濕透。

所以隨身包包還是寄放置物櫃比較妥當。」

　　當一行人走到行李置物櫃處，卻發現等待行李寄放的人潮甚至比排設施的隊伍還長，剛好這時有位夥伴說：「我不想弄濕身體，不然這回合我先旁邊休息，順便幫忙大家顧行李吧！」眼看天就快黑了，為了把握時間大夥們便將行李交由她統一保管，隨即迅速衝回排隊的人龍之中。

　　我永遠記得我將包包從身上取下，接著掛在她身上後還補說了句：「我的包包就麻煩妳了！」萬萬沒想到這個單純的託付，即將讓我面臨有史以來最大的難關。

　　再度返回擁擠的人潮，其實大家都已略顯疲憊。加州的太陽可真是出了名毒辣，烈陽曝曬早將昨日的時差曬乾，僅存爆汗後的渾身狼狽。

　　正當眾人瀕臨崩潰之時，此時 Andy 哥的手機響起，只見他越講

越困惑的神情，所有的目光都等待著他解釋發生了什麼事情。

「Eddie，你的包包有在你身上嗎？Jean 好像沒有看到你剛剛給她的包包……。」

世界霎時猶如慢速播放，我用盡力氣撥開人群、極速狂奔至原先集合的地方，只看到朋友不知所措、一臉嚇壞的模樣。原來，由於我們的行囊太多，貼心的她不想弄髒大家的背包，於是統一將行李放置於長板凳上，只不過我的包包湊巧擺放在椅子的最外側，不知何時就被偷走了！

我頓時傻了，事情發生得太過突然讓人無法置信，只能蹲在石街上猛拉扯著自己的頭髮、用力拍打自己的腦袋希望一切只是場噩夢，醒來就什麼事都沒有了。可現實是殘酷的。

我像是失了魂魄般嘴裡不斷嘀咕著：「怎麼辦，該怎麼辦，才到美國第二天而已，全沒了！什麼都沒了！」就像是中邪一般，飽受驚嚇、但淚水卻怎樣也落不下來。我知道走在夢想的道路上勢必充滿挑戰且困難重重，只是萬萬沒想到會來得如此迅速……。

冷靜下來之後，第一個念頭就是撥電話回到一萬多公里之遠、時差十五小時的家。電話那頭出現我大姊熟悉的聲音。我試著冷靜地和她說明事情發生的過程，她一度還以為我在開玩笑，直到我詢問能否先將我的信用卡及提款卡掛失，她才驚覺事態嚴重。

我詢問每一位坐在現場附近的路人有無看見任何可疑人士，或者到各個商家詢問監視錄影器是否有拍攝到竊賊的身影，甚至進了迪士尼裡的警察局報案，告訴警察如果有任何消息都務必與我聯絡。但是，迪士尼樂園佔地之廣大，每日往來的人潮更是無可計量，想要成

功找回的機率如同大海撈針般困難。

從得知放有我所有家當的包包被偷走之後，便像是個沒了魂魄的行屍走肉，眼神空洞、被抽乾所有情緒，笑不出來、也哭不出聲。這時，方才坐在現場旁的一家人——一位美國媽媽推著嬰兒車緩緩地走向我說：「發生這樣的事情，我很抱歉沒能幫上你什麼忙。這裡是二十塊，或許無法解決你發生的問題，但希望你今晚可以好過一點。加油！」將美金二十塊塞到我手中，慢慢離開。

我來不及做出任何反應，甚至忘了自己有沒有道謝。事後回想起來，一位陌生人願意對無助的男孩伸出溫暖的援手，這是一件多令人動容的事情！人間果然處處有溫情。但當時緊握著二十美金的我，已經開始焦慮著接下來的日子該如何是好。

案發過後，時間也才下午四點多，同行的朋友們為了陪我奔波處理事情也都累了，但又覺得這樣就離開迪士尼是一件十分惋惜的事情。問我要不要繼續，或是就此結束早點回去休息也行。

既然事情都已發生了，過度處在憂傷的情緒與環境，反而不利於未來良好的身心發展。我回答：「走啊！當然繼續！」

為了不掃大家的興致，仍然參與每項遊樂設施。不過，從此我的身體不再與靈魂同步，連搭乘樂園內最可怕的雲霄飛車也心不在焉。

以前有人比喻人生像是搭乘雲霄飛車，從最低到最高，時而天

堂，時而地獄，時而上升，時而下墮，天堂到地獄的過程是高速上衝後又急速駛至谷底，在驚險裡興奮狂叫，雖只有短短數分鐘的時間，卻好像經歷了整個人生。

但當生活發生難以負荷的困境，根本連想嘶吼也斷了力氣，只剩對世間了無牽掛的表情。你永遠無法體會，一貧如洗之後又立刻搭乘雲霄飛車是什麼感覺。這絕對不是單純的比喻，而是我真實的人生寫照，沒有人會像我一樣。

總之，一個背包的遺失，成為我往後人生重大的轉捩點，也讓我瞬間變成大富翁遊戲中的衰神大貧民。

不光是錢包、手機、單眼相機、美金現金，與事後補發手續耗時又繁瑣的旅行支票，總共至少損失超過十萬臺幣以上。對於一位兼職自賺旅費的大學生而言，十萬塊是需要辛苦工作多久才能掙得的數目。更嚴重的是精神上的折磨與試煉。小偷實在好眼光，今天絕對偷到賺到！不過，逆境的確也使人迅速成長。

正是因為旅行開端就發生這樣的悲劇，爾後遇到任何困難或者不公平的際遇，我都會想這件事情都熬過來了，再也沒有什麼能夠擊倒我的難事。也令我再次堅信凡事的發生或許都存在它的道理，不需要去埋怨朋友為何沒有妥善保管好自己的背包，而是該慶幸，當天沒有將護照也放進這個或許本就注定要遺失的背包裡。否則，一切的故事是否又會不一樣？

我試著樂觀地告訴自己：「我在每位孩子心底的夢想世界，繳了十萬多塊新臺幣的學費，上了人生旅途中至今影響自己最深刻的一堂課。很貴，卻也不貴。」

午夜公車驚魂記・聖地牙哥

　　「千萬別在加州搭公車，這麼瘋狂的事情，我這輩子都沒想過！」一位長期旅居美國的朋友聽聞我們都搭乘公車出門，情緒激動的告誡我不要輕易相信任何公車時刻表所載明的制式時間，因為這可能會嚴重錯過回家的末班車。

　　我神情自若地回應：「我知道，這種事情我很有經驗。」其實現在很難想像，以前的旅行如何在沒有網路的情況下，僥倖生存。

　　出門前需要將所有行程、路線與交通時刻逐一記錄，抵達每座城市的第一站必定是前往旅客服務中心索取免費的城市地圖或交通時刻表。僅管這些地圖通常都是廢到荒唐，不過我就喜歡地圖啊！縱然它們有時無用至極也照拿不誤。而與那些紙本地圖一樣不具參考價值的，似乎就是美國公車站牌上寫的：「尖峰時段每五～十五分鐘一班車，離鋒時刻每二十五～三十五分鐘一班車。」

　　在樂園工作的日子週休二日，休假時往往都會安排短程旅遊。原先計劃兩天一夜的聖地牙哥之旅，因同行旅伴猶豫著不想外宿，只好改成當日來回。其實也沒什麼不好，畢竟聖地牙哥的觀光範圍假若安排得緊密一點，不到一天便可逛完。

　　於是，我們搭上灰狗巴士從洛杉磯前往世界著名的美國第七艦隊的母港——聖地牙哥港，登上曾擁有輝煌戰績的中途島航空母艦，最後再步行至超過百年歷史的聖地牙哥老城，體驗加州早期西班牙式的

建築和歷史文化，一整天沈浸在懷舊味濃厚的城市氛圍裡，愜意地度過慵懶的午後。

對我而言，聖地牙哥是個沒什麼特別值得讓人喜歡，卻也說不出哪裡令人厭惡的地方，彷彿就是生活中最平淡無常的一天，隨著時間遞嬗便會忘卻時光。直到返回洛杉磯車站，等待著最後一班開往樂園的公車，才發現不甘於平庸而被淡忘的聖地牙哥，在最後一刻絕地反攻。

等待著表定時間二十二點三十五的末班車，但一直到二十三點十五都不見任何公車的蹤影。

此時，對向馬路出現我們要搭乘的公車班號，我急忙衝上前詢問開往樂園方向的公車何時才會來，司機一派輕鬆地向我解釋：「你們等的那台公車就是我！不過通常這時間都沒什麼人搭乘，所以我老早就駕駛完最後一趟回來了，今天不會有車了，不用等了。」語畢，便關閉車門駛去，直到消失在黑暗之中，留下一臉錯愕的我們。

這完全不是計劃之中的事情！半夜時分馬路上招攬不到計程車，當時更尚未風行 Uber 服務，滿滿攻略筆記中均未記載如何從 Santa

Ana（聖塔安娜）車站回到遙遠住宿的備用方案，在沒有網路能搜尋其他解決之道的情況下，束手無策的我等廢人。

幸虧同行夥伴有在 Google map 標記去過地點的習慣，我們只能開啟離線模式、隨著地圖的指引，在燈光昏暗、無人也無車的深夜馬路上，憑藉自己的「11 路公車」徒步返回住處。

一開始，還為了為何會發生這樣的事，彼此喋喋不休地爭執。

不是有人貪吃路邊攤食物導致吃壞肚子，在老城內夾著屁股找廁所耽誤了太多時間；就是有人貪戀港邊迷人恣意的風光，硬要學外國人躺在草皮上小盹片晌，以致於沒趕上原先計畫的巴士，現在也不會落得這般處境。不過，幸虧這次不是單獨行動，隨著回家的路徑越走越荒涼，兩側路燈的間距也愈拉愈長。

我們為了縮短路程而走捷徑，沿著火車鐵軌旁的小巷走了一大段，穿過一座校園與看似廢棄的公園，一路上偶爾遇見睡臥在路邊的流浪漢，我們三人只能緊緊相依、加快步伐邁步，因為內心的被害妄想症都發作到極致，只要一有車輛接近，便深怕會遭遇不測、被綁架又被撕票，提心吊膽地走在深夜的美國路上，直到回到了平日熟悉的區域，看見時常光顧的麥當勞仍營業，這時才逐漸卸下緊繃的情緒。

回到簡陋的房間後，不小心吵醒早已熟睡的室友，才驚覺竟然已快清晨四點鐘。迅速盥洗後就平躺在床鋪上，想著這遙遠的回家之路我們走了將近五小時，佔此趟聖地牙哥之旅四分之一的時間，成了讓我永生難忘的深夜回憶。

有時候，旅行讓人印象深刻的往往並非去了多少景點，打了多少次卡，這些突如其來的驚喜，才是令故事充滿回憶的重要元素。

　　的確，是該讚嘆科技日新月異的進步，無論是生活或是在旅遊方面，人類越來越高度仰賴網路與科技技術所帶來的便利性，使得獨自出門不再成為困難的事情。

　　當你餓了，只要上網搜尋附近有哪些排隊美食，便可以不怕踩雷地大快朵頤；當你迷路了，只要打開 Google map 就可以迅速指引你正確回家的方向，甚至估算距離與規劃最佳路徑；甚至當你感到寂寞了，通訊軟體也能立刻為你聯繫到身在遠方的好友，彼此之間的互動不存在任何的距離。當你無助需要幫忙的時候，再也不必感受到害怕或徬徨。

　　一切都是拜科技所賜，讓旅行變得越來越便利且方便成行，但卻讓感受變得相對膚淺，是否也因此變得越來越無趣？

　　旅行中過度使用科技產品和社群媒體與既有的生活聯繫，或許能將旅行時的心境第一時間分享給遠在他鄉的親友，稍微排解獨自旅行時產生的孤獨感。但為了留意不停閃爍的手機螢幕與即時回覆每則訊息通知，便無法專心體驗身邊豐富的異國文化，讓旅行的感受強度全被稀釋，那是多麼令人感到惋惜的事情啊！

　　現在，我越來越少在旅行途中利用網路即時分享，試著練習沈浸在當下的環境與氛圍之中，捨棄任何外界不必要的干擾，畢竟都大老遠跑到了那麼遠的國度，何苦一直逼迫自己透過手機螢幕去欣賞眼前的世界，只能使用手機與世界相互交流呢？

　　一張張佔據記憶體的影像最終也只會封存在電腦的檔案夾，永遠無法完整還原親眼見證時的震撼。

　　何不將一切留在平安歸來之後，讓回憶又有機會再次出發遠行。

旅行魂的誕生・舊金山

「我是個眷戀經典、卻又抗拒社會主流價值的人。越多人喜好的
事物，我就會不自主地心生抗拒。」

這段話來自作者船橋彰在其作品的摘錄，也正是許多時候當我面
對所謂的「熱門必去地標」時，心中會產生的困惑與矛盾。如同紐約
自由女神、羅馬競技場、法國巴黎鐵塔一樣的道理，對我而言舊金山
的金門大橋也是相同的概念。是一個大家都說非去不可，否則就不能
代表自己曾到過舊金山的地方。But why？

舊金山，是我人生中第一次自助旅行的出發地。

坐落於蜿蜒起伏的地形之上，
整座城市活像一座交通工具的博物
館。無論是便捷的公車、電車、火
車或者地鐵，便利而多元的交通工
具帶領我穿梭在這變化多端的城
市。

由於街道坡度過度陡峭，造
成當時馬車時常釀成交通意外，
一八七三年舊金山的 Cable Car 在
通過測試後正式誕生，成為克服這
天然環境因素的解決之道。

在當今電力發達、汽機車盛行的時代，靠著傳統纜車原理的 Cable Car 成為一座會移動的歷史古蹟，實質上的文化觀光價值遠大於當前的交通效益。第一次搭乘就令我著迷不已，不僅因為可愛又復古的外型奪人目光，更為它以悠閒的車速穿梭於高底起伏的市區而驚喜，彷彿提醒著我勿忘生活需要放慢步伐，放鬆心情去體驗這迷人的城市。

我也喜歡大家對於 Cable Car 的中文翻譯──「噹噹車」，因為在 Cable Car 要出發前，駕駛都會搖鈴提醒其他車輛與路上行人「車子要開囉～請小心！」

乘坐 Cable Car 是遊覽舊金山市區的絕佳方法，購買交通套票還可在特定期間內無限次搭乘其他交通工具。總共三條路線，途經都是舊金山熱門的景點，約每十五～二十分鐘就有一班車。乘坐的最佳位置當然就是車輛左右兩側半開放式的空間，除了能夠觀賞到城市風光之外，整個人盪在車外的體驗，更是絕無僅有。

坐著車，將旅遊書上所有的景點以行軍方式達陣，卻在即將離開舊金山前才突然地決定走訪金門大橋，替自己庸俗的世界 Check List，再勾上一筆紀錄。

不同於熱情的加州陽光女孩，舊金山是位善變的千面女郎，位於不同經緯之間，連天氣的驟變都成為令人驚艷的藝術。走訪金門大橋的方法五花八門，不論是徒步、慢跑、腳踏車，或是站在視野開放的瞭望觀景台遠眺其磅礴氣勢，皆能欣賞這座曾為世界上最長的懸索橋樑。不過，我們早已預訂當日傍晚時分的遊船，假想著自己能在金黃餘暉之下，乘船欣賞大紅色的鋼鐵之作，那會是件多麼浪漫的事情！

偏偏舊金山灣區非常容易起霧，時常前一刻還陽光普照，下一秒就整片霧茫茫，霧時整座大橋就隱身在雲霧裡。眼看著乘船的時間逼近，心想今天與美麗的夕陽註定無緣，但既然船票已經付款，遊船還是得如期出航。狂風怒號、眼前伸手不見五指，別說遠眺金門大橋，就連當船艘近距離駛達橋底，我們也只看見若隱若現的鋼梁而已，當場眾人尷尬苦笑，覺得一切荒謬至極，卻又感到金門大橋正與自己產生特殊的連結。

有了這次的經驗，我想倘若要全盤了解一座城市，絕不是透過宛若仙境的風景照片或鉅細靡遺的部落客文章，因為當下激昂的情緒與感動，絕非透過他人的圖片或文字所能提供。不妨親自走一回，讓那些一成不變的景點，成為屬於自己獨特且唯一的故事。

自助旅行，手持一本旅遊書、一張城市地圖，懷抱著一顆勇於冒險的心，從此不再盲從、搞不清楚方向；曾經書本上閱讀過的，如今也實際參與其中；用不流利的英文與當地人交流，歸來之後再與好友分享期間的趣聞軼事。在世界地圖裡的比例尺當中，存在如此豐滿的人文風情，或許，這就是為何「旅行」始終令我嚮往且著迷的重要原因。多年之後，當我有機會再次造訪舊金山，才終於明白，為何舊金山曾是我最眷戀的城市。

二○一一年夏天第一次脫離舒適圈，隻身前往美國參加 Work &

Travel 計劃，途中熟識了一群共患難的好友，也發生許多至今回想起來仍覺得荒誕的故事。而舊金山正是開啟我國外自助旅行的開端。從搶便宜機票開始，到住青年旅館、安排每日旅遊行程，最後隨意在街頭漫步，拍了一堆搞笑的照片，每天都深感充實，因為無時無刻都在幻想自己就生活在這座城市裡。

這次，抱著一種探視許久未見老友的心境再次返回到這裡。綺麗的街景依舊，但一切卻不如記憶中那麼美好，我才意識到一直以來對舊金山充滿憧憬的原因。

原來，自己喜歡與懷念的是那個自由自在、對於未知世界充滿好奇、冒險與探索的時光，而舊金山的存在，只是恰好見證著我們經歷過的這些故事。

找到解答後，我發現有更足夠的理由，支撐著我繼續眷愛它，也繼續熱愛遠行。

美國夢的果實‧紐約

　　人的一生，到底需要多少記憶體儲存過往的美好時光？太多回憶，丟了，捨不得；留著，放不下。

　　那些不經意想起的瞬間，無論是記憶中的城市街角、一陣撲鼻的香氣、一個熟悉卻陌生的背影、一道讓自己感受到生命力的朝陽。舉凡這類不重要的記錄，都只是提醒自己——旅行中，曾經認真生活的證據，都只發生在捨與得之間。但，如果有件事情是重要的，當故事被切成一格一格，回憶是否也將片斷難相連？上哪兒才能買到黏著時空裂痕的膠？

　　紐約後勁之強，歸來後總慣性失眠幾夜。紐約大蘋果，曾是我夢寐以求所嚮往的大人世界，幻想著住在這座城市的人們正過著一種遙不可及的生活，享受人生無限的精彩。不同於美西的閒逸風情，東岸紐約令人著迷的態度代表著「只要肯努力，人人都有機會功成名就」的美國夢。

　　而華爾街，便是一顆能讓人享盡榮華富貴，卻也能瞬間萬劫不復的撒旦之心。

　　華爾街，名義上只是一條狹窄

的小街道，卻是橫跨整個紐約曼哈頓的金融中心，更是牽動世界的金融重鎮。儘管在經歷金融海嘯之後，或許早已不復當年盛況，但華爾街一詞早已經遠遠超越了這條街道本身，成為了整個區域的代名詞。

走出地鐵站，正準備要開始窺探這一切時，隨之而來的人群簇擁著一頭大金牛，成為華爾街最具指標的印象。象徵著金錢至上的 Charging Bull（華爾街銅牛），傳說與牠合照或是撫摸牠的睪丸都能發大財，這不就和到處求神拜佛，跪求註生娘娘一定包生男的道理一樣，是祈求人民心安的概念嗎？話雖如此，貪財如我寧可錯殺其一，也不願錯過任何發財的機會，對於這對「神奇的牛蛋」更是又摸、又捧、又親、又舔，惹得眾人哈哈大笑卻又忍不住爭相模仿。完全不畏懼旁人異樣的眼光，我這下子鐵定要發大財了。

在紐約，我有位曾經一起實現美國夢的好友 Erin。看著她後來在美國從事業務工作漸入佳境，談話間隨口說出：「我等等要去華爾街

拜訪其他客戶。」聽起來可真是多麼神氣啊！但我了解在光鮮亮麗、令人羨慕的背後，總存在不為人知的辛勞與付出。每個工作不都是這樣嗎？只要能夠找到發揮所長的舞台，任何地方都能是自己的華爾街！

不過，我也時常在想，世界之大，何處才有我的容身之處？

黃昏之時，傍晚非日非夜，世界的輪廓變得模糊，模糊到就快見不清自己的樣貌。站在萬人之上、無人之巔，獨自登高看夜景的心情是孤寂和興奮感參半。當落日斜陽仿若水墨緩緩暈開了曼哈頓的天際，橘紅色的天空正緩緩披上靛藍色的新衣。素日最痛恨等待的我，只有在等候分秒必爭的魔幻時刻現身才最有耐心。眼前曼哈頓的百萬夜景就算無人分享，也甘願忍受寂寞冷風吹。黑幕降臨的紐約，燈火璀璨的模樣才是真正迷人的地方，因為眼前每一個光點都是一處正在挑燈夜戰的辛勞，亦是等待遊子回歸溫暖懷抱的家。

對於大都市的眷戀，來自於從小對它的想像與渴望。

在十歲的時候看二十歲，總覺得那是個自由的世界，可以做任何

想要做的事情而不受約束。但當在二十歲的時候，為了未來能夠擁有更優渥的生活條件，現實的殘酷強迫著我們不得不低頭，寧可選擇有「錢」途、規律安逸、收入穩定的生活，而不願冒險去闖蕩夢想。

當決定起身踏出溫暖的家門，華麗的冒險與艱困的挑戰也隨之而來。期待一成不變的生活能夠激盪出奪目的化學反應，殷殷期盼在街景的某處角落能尋覓自己最初的模樣。

不過，究竟想要怎麼樣的生活？豐富精彩？穩健踏實？還是有故事可說？對我而言，生活相較於退步，我更害怕的是停留在原點、卡在一個不進也不退的窘境。這種感觸當身處在快速流動的城市時特別強烈，穿梭在朝思暮想的摩天大廈裡、被擁擠的人潮簇擁之時，更是看不清楚想要的生活是什麼模樣。

旅行的意義，歌手陳綺貞早已經唱了不下千百回，但真正目的不過在於重新認識自己。一段好的旅行，行走時拋開日常繁瑣的一切，給自己全新的角度重新回想曾走過的路，先不要想著去多少地方，這次要飛行多遠，而是帶著一顆真心和一個簡單的目標，在路上重新認識自己與心內的世界對話。世界很小，人心很大，所以每次的旅行，總能看到這個廣博的世界，也同時見證自己在地球上坐標的渺小。

我崇拜的作家 Eliot Chen 曾說過：「旅行，絕對不是一本護照、一張機票那樣的絕對。沒有必然的計劃，也可以偶然的完成。在熟悉的街路疾步是生活，陌生的城市中閒步便成了旅行。」

生活與旅行，其實本來就是同一件事情。

如果，旅行是不會停歇、周而復始的出發與歸返。那麼，關於生活就是一場旅行的說法，何其貼切。

會飛行的書包

能夠在年輕時
找到一座屬於自己的城市，
是一件多麼幸福的事情。

China

全符合大學時期「算了，今天別去上課好了」的翹課標準。但自覺「蘇州大學首位臺灣公費交流生」的頭銜過於沈重，不論天氣多麼冷冽、內心有多掙扎，說什麼也得準時出席、不能丟了臺灣的顏面。

蘇州大學曾被多次評選為中國最美十大校園之一，校本部的建築富有民國年間的風味，百年老校的魅力都隱藏在充滿歐式風格的校舍與中國園林式的老建築裡。

晴天，校門口攤販剛出爐的熱騰騰肉包，溫暖了趕著上課卻尚未甦醒的靈魂；雨天，午後的校園靜悄悄，雨滴穿透濃密的樹林、滴滴答答灑落而下，空氣中瀰漫著花草濕潤後的香味，如同婉約優美的江南女子一頭令人舒心的髮香。走在綠蔭環繞的校園中，濃厚的文藝氣息撲鼻而來，怎麼看都叫人無限喜愛。

聆聽著鐘樓亙古綿長的鐘聲，踏過它門前的大草坪，圓形的玫瑰窗口與刻有花紋的花式窗櫺，讓蘇州大學的鐘樓比起一般的西式建築，更顯得不同凡響。每年鳳凰花開時，它更像是一位時光的智者，見證了一代又一代的莘莘學子成長成才、展翅高飛。

這個校園，不僅是江蘇學子心中嚮往的知識殿堂，更是我與零九工商同學們共同分享過的時光。對我而言，蘇州大學令人動容的不是它的風景，是回憶。

另一處位於蘇州工業園區、氣勢滂沱的金雞湖，不僅顛覆了我對蘇州千年古城的印象，亦是我平日最常出沒的地方。金雞湖是蘇州新興開發的區域，是目前蘇州積極運用現代元素打造而成的商業及休閒樂土。

　　有人說，蘇州的金雞湖比起杭州的西湖，缺乏千年歷史的積澱、也沒有西湖山水的秀麗，但我認為也正因為如此，金雞湖的發展限制更少，更可以賦予蘇州嶄新的風貌。沒有任何一座城市需要被別人貼標籤，也沒有任何一座城市該自我設限。現在的金雞湖不僅是商業繁榮的場所，更是週末親子休閒一同享樂的世外桃源，更有我與朋友在湖畔一同放風箏嬉鬧的回憶。

　　但讓我日夜思念的畫面，卻是被譽為「姑蘇第一名街」的七里山塘。距今已有一千兩百多年歷史的步行街，是蘇州現存最典型、也最完整的古城文化保護區，如同歷史的縮影。其地區的棋盤格局最能代表蘇州街巷，更是當地居民內心老蘇州的縮影。近幾年來文藝氣息越來越濃烈，是各地文青們來到蘇州必打卡的地方。

　　這裡有市井的味道與悠閒的居民，處處都呈現當地人愜意自在的日常。課餘時間，我喜歡在這裡四處閒晃，搭配著剛出爐的蟹殼黃香氣、街頭熱騰騰的奶黃包，濃郁順口的酸奶或者糖粥，恣意漫步於此，隨著心情挑選一家咖啡店，拿著一本書就能夠悠閒度過一個濃醇咖啡香的午後。

　　當夜幕低垂，不同於白天護城河周圍的人群往來頻繁，夜色中的古運河多了幾分靜謐的光彩。當燈光打在小橋流水、古宅街巷，沿岸炫麗的燈光倒映在盪漾的水波裡，彷彿曾經見過的場景，當按下快門

等待曝光的瞬間，我知道，那千分之一秒的直覺絕不會錯，這和我曾在夢境中出現過的蘇州，完全符合！

　　這是第一次強烈的直覺引領著我向前。我在這裡，回憶起書中曾提過的往日時光與那片燦爛風景。這次隻身前往蘇州大學或許是個衝動且孤獨的決定，但第一次如此信賴自己的直覺，感覺又做對了一件事情，值得慶幸。

　　在中國的這段期間，無論單獨前往多久、多遙遠的旅行，最終都會回到蘇州溫暖的小窩。這裡儼然成為我中國之旅的家鄉，甚至後來當路途上遇到其他旅人詢問我來自哪裡的時候，我還會直接回答蘇州。

　　我與這座城市，不再只是過客之間的關係。我生活在這裡，這裡處處有我曾經駐足過的痕跡。在我剛抵達中國時，校門口還正在興建城市的地下鐵系統，當我遊歷了一圈大江南北之後，準備離開時卻發現地鐵早已經通車了！原來改變的不單是我，這座城市也陪伴著與我一同成長，而我是多麼有幸曾參與其中。

　　蘇州，是太多溫柔交織而成的一張網，網住我對世界無限好奇的心。蘇州，令我魂牽夢縈的第二故鄉。一座來過，心就不曾離開的異鄉。

金陵三少結義・南京

「以後有機會，再來南京找我，我一定好好招待你玩！」

在旅行的路途上結識了許多同伴，無論相遇的過程如何，在別離時眾人往往會拋出這樣官腔客套的對話，彷彿若不這樣說便背叛了此次美好的相遇，成為千古不赦、喪盡天良的無心之人。我們都瞭解這只是一種國際禮儀式的禮貌，鮮少有人當真看待，就算爽快地答應了也未必就得實現。旅行上發生的事情與建立的關係就留給回憶處理，使得這樣的緣分往往發生得急、也結束得快。

不過這一次，我們都當真了。

格霆是我結束美國打工、準備離開的那天晚上才認識的中國好友。原來我們同在樂園工作，只因不同部門而不曾認識，因緣際會下

徹夜聊起彼此在美國的旅行故事，互留了聯絡方式，想不到回臺後我萌生中國交換學生的念頭，他除了幫我選校外也提供不少生活在中國的建議。爾後幾次同遊蘇州與上海的過程認識他的學長曦彤，我們三人同是熱愛旅行與攝影創作的愛好者，根本是一拍即合的好兄弟。之後曦彤前往東南半島的自助遊，每到一個地方都不忘給我寄張明信片，讓我深深領悟旅行最美好之處，是有機會可以生活在他鄉，卻相遇視己為手足的摯友。

南京貴為中國四大古城、六朝古都、十朝都會，每一個稱呼都彰顯著這座城市深厚的文化底蘊。金陵，是它舊時的古稱之一，相較於南京，顯得更為詩意。我們就在這座集結江南婉約與故都莊嚴的都市下再次相聚。

以南京夫子廟為中心，秦淮河為樞紐，我住在秦淮河畔的夫子廟國際青年旅社，這是南京最早的青年旅社，位置就在兼顧便捷與繁華的夫子廟街口，還具備江南水鄉的秀美景色，適合清晨來感受她的寂靜、午後來體會她的繁華、傍晚再來沈浸於她的魅力。

夫子廟秦淮河畔周圍的景點非常集中，如同北京的銅鑼鼓巷或是上海的城隍廟一樣，附近保存著大量仿古式的建築，除了各式秦淮小吃之外，販賣古玩的商家也十分繁多。望著大名鼎鼎的秦淮河畔兩旁燈火通明，儘管濃厚的商業氣息遠遠顛覆當地該保留的復古印象，但不論是白天坐在河畔品茶，或是夜晚華燈初上，乘著畫舫遊船欣賞著秦淮河岸的風華絕代，眼前景色如此奪人目光，倒也是驗證了那句「夜泊秦淮近酒家」的古人意境。

次日清早，格霆帶著我從南京市區搭乘公車來到中山碼頭，坐上

渡船橫越長江，約莫十五分鐘左右抵達對岸，正對碼頭的就是浦口火車站。他說這是他在南京生活多年以來最喜歡的地方。

朱自清撰寫的《背影》是描述他在一九一七年從南京前往北京求學時，父親在火車站與他別離的那段回憶，他看著父親跨過月台去買橘子的車站，就是浦口車站。

旅行最有趣的地方便是能夠親臨年少時曾經閱讀過、聽聞過的場景，實踐讀萬卷書不如行萬里路的精神，讓腦海裡的幻想成為眼前真實的畫面。

但由於車站早已廢站不對外開放，我們穿越迴廊偷偷想要站上月台，還是被管理人員發現給攆了出來，只能透過殘破的門縫窺探早已空無一物、斑駁不堪的樓房，默默地閉上雙眼讓靈魂穿越時空的隔閡，遙想當年浦口車站人聲鼎沸的盛況。

　　僅管這裡已不如往昔是小鎮重要的交通樞紐，火車鐵軌上還停放了幾部早已停止營運的列車，但當地居民依舊沿著軌道兩側生活，偶爾仍會有貨車載運生活補給來到這兒，大夥們就直接步行並聚集在鐵道上等待取貨，甚至還會看到居民飼養的家禽不小心跑上了鐵軌等逗趣的景象。

　　城鎮的發展絲毫沒有與時間共同前進，依舊與百年前的景象相同，並未留下太多現代化的模樣。一切場景封印在百年之前，彷彿穿越了時空，回到一九一七年的南京，近年來更成為以民國為背景的電影與電視劇重要的外景基地。

　　其實，這並非是多麼有趣的景點，只不過我在這裡看見了過往的時光，每當看見這些存在了百年的歷史時，思索自己正踏著、觸摸著的是與前人相同的道路，時光交錯，歲月跨越了時空的背景重疊在一

起，即便現實無法乘坐時光機穿越過去，卻也能讓我的意念回到那已靜止在了永恆的時光。

然而比起浦口車站，南京最令我懷念的地方還是玄武湖。

似乎，在中國的每一座城市都有專屬自己的城內公園。江蘇有太湖、杭州有西湖，濟南有大明湖，南京也有著名的玄武湖。公園對我來說都是千篇一律、沒有什麼特別之處，唯有同行的夥伴才是改寫回憶的重要關鍵。關於玄武湖，那裡充斥著朋友們的身影。那裡有兄弟，有情懷，那裡有未知，有驚喜。

我們隨意信步在玄武湖這座江南區最大的城內公園，省略了園區內經典的觀光列車，因為我們都不是願意乘坐這種小火車的人，尤其當置身於周邊盡是美景的地方。有些景色就是需要停下腳步、慢慢欣賞，這種風光是在觀光列車上隨意拍下的手機照片所無法留住的美，只能親眼見證並烙印在心底。

在這樣的環境下，並肩坐在湖畔看著當地居民騎單車、放風箏、遛小孩，靜靜等待夕陽美景、看著遊客的划船隨波蕩漾在玄武湖中，閒聊著彼此的生活經歷、談論著對於未來的嚮往。

後來，格霆畢業後和女友去芬蘭繼續攻讀研究所，目前在德國實習；曦彤則前往美國繼續深造，目標是希望能留在當地工作。我們三個兄弟各處世界地圖上的一個點，彼此各自努力，正朝著當時我們狂妄自大所立下的夢想，一步一步前進，等候某日相見時，再來細說一切精彩。

城牆上奔馳的歲月・西安

　　西安，是在中國行開始之前就決定必定要前往的城市。

　　當時同校的朋友們全數選擇已有學長姐們前往過的西安名校進行交換，只有我一人選擇位於江蘇的學校，因此我們約定好要成為彼此的專業地陪，若有機會能騰出空擋更要一起旅行各地。

　　但隨著正式開學、面臨各種課業報告與考試，我們始終無法完成共同遊歷中國大江山水的承諾。如果我說，最後驅使我前往是因為朋友們告知我陳奕迅要在西安開年度巡迴演唱會，我才毅然決然地訂下出發的日期，這個理由是否過於荒謬？

　　世界四大古都，分別為不朽之城西安、永恆之城羅馬、眾神之城雅典、金字塔之城開羅。網路上更謠傳著：「十年中國看深圳，百年中國看上海，千年中國看北京，三千年中國則看西安」，西安是如此富有深度文化底蘊與歷史的城市。但對我來說，這些都沒有演唱會重要。陳奕迅幾乎與兵馬俑齊名，同時代表著我對於古城西安的期望。

　　話雖如此，演唱會結束之後，兵馬俑仍是西安絕不能錯過的重要環節。被譽為「世界第八大奇蹟」的大秦軍隊風雨如故地守候在此，不論你來不來，它們的影子總是在你的腦中揮之不去。

　　整座城市就是流動式的考古場所。當進入博物館之後，映入眼簾的是出現在歷史課本中的雕塑與畫作，我強烈建議自費聘請專業導覽員為你講解，唯有深度了解千人千色兵馬俑背後的故事，才更加欽佩

眼前的一切是多麼不可思議。

直到現在，我仍無法釋懷初次看見兵馬俑一號坑時的震撼。大規模、整齊地排列著各式兵馬俑，每一個角度都不盡相同，彷彿重回秦始皇統一江山的鼎盛時代，場面十足震撼人心！蘊含的歷史意義遠遠超越了風景，這絕對是最能代表西安的文化，沒有之一。

晚霞時分，我們前往中國現存最完整的古代城垣建築。西安城牆是以唐朝皇城為基礎，將整座西安城緊緊包覆。登上城樓，不僅能俯瞰西安風光，欣賞仿古代的軍隊巡邏表演，還能在城牆上騎著腳踏車。

真實的古城牆，是能夠讓人觸摸的歷史。

我與好友小原各自租了一輛腳踏車，在遠離城囂的高處迅速繞著西安城飛馳了一圈，享受著清風恣意吹拂臉龐的觸感，不小心讓風景

溜得太快,實在是辜負了城牆。看著城牆上的紅燈籠一個個亮起,左右兩旁一半是古城,一半是現代的西安,這種交錯複雜的穿越感,恍惚之間讓人不知身處哪個時代。

　　血液裡流動著純正亞洲民族血統的我,每天勢必得有一餐是米飯或麵條才會有飽足感,是位十足的飯桶和澱粉控。如果那粒粒分明又飽滿的米飯是支持我活下去的理由,那麼西安的「戀麵情節」,絕對是讓我日日高潮、彷彿置身於天堂的聖物。

　　西安市區有條繁華的美食街稱為回民街,市集匯聚了眾多陝西特色的美食。由於地處中國內陸的地理環境,使得西安的麵條與囊餅的普及度遠勝於米飯。無論是著名的陝西肉夾饃、或是將囊餅撕成一塊一塊、再倒入高湯的泡饃,或是清爽Q彈的涼皮以及口味多元的柿子餅,都是西安必試的小吃。

　　西安的麵食文化也相當出名,光是選擇麵條的種類就足夠讓我頭暈目眩。其中最讓我印象深刻的是西安人自創的名為「ㄅㄧㄤˊㄅㄧㄤˇ麵」的料理。是由手工特製,桿成又長、又寬、又厚的麵條,陝

西十大怪之一的「麵條像褲帶」就是在形容這樣的麵食。無論是油潑辣子還是清湯口味，都能和麵條的口感彼此相互加分。

當然，在這種美食觀光區吃飯，總是難免被排隊的人潮給嚇壞。除了樊記腊汁肉夾饃、老米家大雨泡饃、魏家涼皮、永明岐山哨子麵等名店之外，在西安吃到的麵條沒有一家讓我失望。

我最懷念與朋友們在麵館用餐時，談論中國與臺灣兩地的校園生活與風俗民情之間的差異，並交換著彼此旅遊各地的交通資訊與經歷了多少荒誕的奇聞軼事。僅管事隔多年，仍會無比懷念這段貧困的交換學生生活。或許，西安讓我回味無窮的不是麵條、也不是兵馬俑，而是再也無法回頭的年少青春啊！

鳳凰梅姐‧鳳凰

　　或許，你會因為一個人，喜愛上一座城。

　　湖南湘西，自古就是歷史悠久的少數民族主要聚居之地。這座位居湘西山陵的古鎮，由於過去對外的交通不便，讓這座古城籠罩著一層神秘的色彩，令古今中外的旅客都好奇不已，將之視為一生必訪的小鎮。古鎮內街巷縱橫，順沿著鳳凰的母親河──沱江徒步，步行就能抵達鎮內任何想去的地方。

　　一步一步地觸摸著斑駁的木造建築，腳踏著古老的石板階梯不斷地離開與前往。一首一首動聽的流浪者旋律來自拱橋下的街頭歌手，「張三的歌」第一句歌詞一出口就令我渾身起雞皮疙瘩，低沈渾厚的嗓音時而昂揚、時而憂傷，彷彿正淚訴著他的人生故事。

　　如果硬要加一個色彩給這座城市，鳳凰就是沱江青翠的琥珀綠。

　　穿越過延綿的虹橋進入城內，街道兩旁高掛著大紅燈籠頓時有種來到九份老街的錯覺。江邊兩岸的吊腳樓旁仍有小舟正在漂流、苗族的老奶奶坐在路邊編織著歷

史傳承的手鍊、一同旅行的三五好友換上當地苗族的傳統服飾在跳岩上嬉鬧玩耍，又或者獨自一人在尚未營業的酒吧街等待著迷人的邂逅。

　　如果說，白天的鳳凰展現的是悠久的過往，時光定格在那一絲傳統、一絲神秘的時刻，那麼黑夜降臨之後，多變的形象就形成了喧鬧的當今。

　　紅燈籠高掛的古街一瞬間轉變成五光十色的霓虹炫彩，酒吧內喧囂的現代勁歌舞曲劃破古鎮原先該保留的寧靜夜晚，壅塞的街道簇擁起多情的男女，就連沱江兩畔的經典吊腳樓都披蓋上了炫目的色彩。人工打造的音樂酒精與令人醉心的夜景，在我看來一切似乎都太過庸俗。

　　鳳凰，是座名為艷遇的城市，當地的居民嘻笑著說起在這邂逅一位正在遠處等待你的豔遇對象，還遠不敵遇到小偷扒手光顧你行囊的機率。

　　但，鳳凰梅姐，大概是我整趟旅程中最美好的相遇吧！

　　當我正醉心於這座古城的景色，突然山邊雷聲轟隆隆地作響，無情的雨淋濕了我仍意猶未盡的好奇。看見遠處店家高掛著中國郵政招牌，突然想到：「下雨天，不正是最適合寫明信片的時機嗎？」隨即奔往向前。

　　站在店門口，才發現這是一家私營的明信片專賣店。店內格局四方，整體面積不大，除了牆上擺滿鳳凰古鎮的風景明信片之外，還販售著與鳳凰相關的書籍與當地民族手工編織品。還有一整面牆是來自世界各地的問候，署名寄給鳳凰梅姐。

　　面內的櫃檯是個矮凳，擺著一臺中古的筆記型電腦。前方坐著一位正在觀看連續劇的女子。身穿一套休閒的黑灰相間針織衫，肌膚是尚未沾抹胭脂的健康小麥色，留著一頭烏黑及腰的長髮，聲線略些沙啞豪邁，目測年齡大約四十歲左右，感覺是一位個性爽朗的大姐。

　　原先只是想請她推薦我周遭好吃的餐館，我買個明信片後就可以去餐館一邊享用美食、一邊書寫。但閒聊幾句之後才發現，這裡的故事，更是美味。

　　外頭的雨仍未停，我倆的對話繼續。

　　年輕時的梅姐，是一位充滿熱誠、熱愛四處闖蕩的冒險家，走遍中國的各處大江大海之後，有一天赫然驚覺自己最思念、最無法忘懷的景色，還是兒時記憶中伴隨她成長的鳳凰古鎮，便決心回到這裡定居。但仍忘卻不了行走在路上的那份悸動，於是便在古城與老公共同經營一家明信片專賣店，在這裡和來自世界各地的旅人交換故事。

　　梅姐對我說：「你現在看這沱江的水感覺很乾淨吧？還記得我小時候，是鳳凰尚未開始發展觀光的時代，那時溪水才是真正的清澈見底啊！我和我哥都會在那裡游泳和抓魚。我最喜歡傍晚黃昏之時，我大叔會將門口的燈籠點上油燈，那時候這裡還沒有路燈，就只能藉著那些微弱昏暗的燈光行走在路上，現在整個城市都變成這麼奇怪的霓虹，成天又鬧哄哄的，我可是一點也都不喜歡。但沒辦法，誰叫我喜歡鳳凰。」

　　或許吧？中國境內各大知名的歷史古鎮，似乎都脫離不了這樣的標準商業模式。

　　文明發展所帶來的進步，更加便利了旅人前往探索異地，不再需要像古人一樣跋山涉水，步履蹣跚過後才艱辛抵達目的地。

　　但當傳統文化與商業利益開始進行拉扯的時候，許多值得被妥善

　　保存的古鎮氣氛似乎受到明顯的影響，而這些現代化的轉變是否也真的適用於每一座古鎮呢？觀光人潮挾帶著滾滾錢潮，錢潮當然也就伴隨著諾大的商機，進而改變當地居民的生活模式。在觀光與科技的入侵之下，印象中的經典鳳凰彷彿也變成了各種大同小異的畫面。

　　我在店內待了一整個下午，直到外頭的雨停了，肚子也餓得難受。我將手中寫好的明信片，蓋上梅姐自己雕刻的圖章，再託請梅姐幫我一併寄出。離開時，我買了一本由中國作家沈從文先生撰寫的一部背景發生於鳳凰古城的故事。不知為何，我竟想要再多了解有關於這裡發生過的一切。

　　晚飯後，又下了一整夜的雨，我坐在青旅的床上細細咀嚼著《邊城》的故事直到入睡。在古鎮的最後一天，決定去看看梅姐所形容的舊時光，清晨的鳳凰被微微的薄霧瀰漫，不同於白天的喧鬧，時光彷

彿回到了梅姐與我說起的那個尚未開發的鳳凰，沱江混雜著泥沙變成
混濁的土黃色更顯懷舊的古老味。

　　我突然想起梅姐在店門口的白板用麥克筆寫著：「等一個人，或
是等一個故事，親，別等了，寫上一段文字吧！」

　　這座小鎮彷彿永遠不曾存在寂寞，總能讓人找到喜歡與留戀的理
由，只靜靜地等待著你一探究竟。我似乎開始能夠體會梅姐如此熱愛
鳳凰的原因，能夠在年輕的時候就找到一座屬於自己的城市，是一件
多麼幸福的事情。

　　而我，只能貪婪地渴望慰留眼前這座古鎮尚未失去傳統前的模
樣，卻仍無法阻止這一切現代化的巨浪，席捲得過於突然。

少年 ED 的奇幻漂流・桂林

　　此時此刻，我正深陷在山水畫卷中，順著水波，獨自漂流。

　　中國的五一假期，我安排了交換學生期間第一趟的長程旅行，首站就是廣西桂林。由於蘇州沒有直達廣西的列車，得經由杭州南站轉車前往桂林。經歷長達十七個小時的夜鋪火車，次日中午才渾渾噩噩地抵達目的地，才發現想要避開人潮前往鄉下的想法是個天大的錯誤。

　　印象中的「桂林山水甲天下，陽朔山水甲桂林」，只因梅雨季節的無情無理，原先清澈的河水顯得混濁，天空一片慘白，天邊的烏雲好似隨時都會肆虐地傾盆大雨，就連象鼻山也顯得毫無生氣。象鼻山是桂林的城市象徵，儘管與眾多的後起之秀景點相比，沒有太多出色的地方，但是它處在灕江的岸邊，靜靜地注視著來往的過客，默默守護桂林這座小城，它始終在這裡，無心與任何人爭輝爭寵。

　　為了方便，我向青年旅館預定了一早前往灕江的交通巴士。隔天，我卻意外地闖入了一場西方遊客的英文聽力之旅。當巴士抵達楊堤，大批的船家蜂擁至前招攬客人，大夥們望著天際邊的黑雲，只想著早點登上竹筏才是正解。

　　雖稱是竹筏，但也都加裝了電動馬達，噠噠噠地馬達聲在如夢如畫的兩岸顯得格外刺耳。灕江的景色就像是一卷畫軸，兩岸山巒百態千姿，令外國遊客看得如癡如醉，解說員努力用著字正腔圓的英語介紹著兩岸的風光，有酷似駿馬奔騰的山壁，也有各式畫面奇觀的峰

林。而我，卻只癡癡地望著竹筏漂流的方向遠眺。

　　果不其然，回程下起大豪雨，隨後遇龍江的河水暴漲，只好被迫取消後續的行程。臨時改去銀子岩瞧瞧那鬼斧神工的神奇鍾乳岩洞，奇妙的景色搭配絢爛的五彩燈光，任誰都會被這大自然的力量所震懾。洞裡平靜的水面倒映著石筍與石柱壯麗的姿態，不知道得經歷多少年才能達到的壯觀。

　　出洞穴過後，雨已停。我踏上腳踏車，呼嘯在田野鄉間，彎彎繞繞好幾個路口。陽朔的山巒無論從任何角度看，都能感受到它的壯觀，我明白多年過後，不論經歷過了多少壯碩的奇觀，那些拗口的名稱我肯定是一個也記不起來，但是此時此刻我正向沒有盡頭的彼端前進，充滿著年輕時期的傲骨與勇氣。我只想牢記這種感覺，一如往常的，如此而已。

　　告別了陽朔的擁擠，輕輕地與陽朔的早晨道別之後，在網路上看見一張梯田灌溉插秧時的攝影美照，田面像鏡子一樣平整光亮，我便興致勃勃地搭上前往龍脊梯田的接駁車，想好好欣賞一番它的美景。可惜大部分的梯田才剛灌水而已，早了一個禮拜的時間，讓我的攝影計畫再次提前宣告破局。

　　但是滿山梯田，一座座大山相連串成一片，古瑤寨又恰好零星地分布其中，使得梯田雄偉又不失俏麗，壯闊也不失細膩。龍脊梯田的垂直高度高達五公里，連綿起伏、高聳入雲的山巒，蜿蜒地如同登上藍天的天梯，是天與地之間巨大的抽象作品。山上的霧氣繚繞，雲層變化快速，攻頂後天空頓時露出久違的湛藍，路途的一切艱辛都值得了，越是美麗的景色越是要去人跡罕至的地方才能獲得，付出總會有等值的回報。

　　不過山間的生活真的是日出而作、日落而息。結束一天的跋山涉水，我返回瑤寨民宿歇息。四位來自廣東的背包客見我一人在陽台的窗邊獨寫旅行記事，便邀我一同與他們共進晚餐。四位從事不同職業的社會新鮮人，是高中時期的同窗好友，此趟出遊是實踐每年都要共同出遊的承諾。滿桌的酒菜就讓我參與了他們的故事，他們用歡笑聲敬佩我一人獨自旅行的勇敢，我用幾杯斟滿的啤酒回敬他們的青春軼事。直到杯盤狼藉、酒水飲盡，故事都尚未完結。

　　次日，我並未回應昨夜的邀請，一同與他們清晨出發登梯田去等待最美的日出，不勝酒力的我只記得昨夜向他們道晚安，便連滾帶爬地回到床上。醒來時天色已全亮，今日是梅雨季中難得的大晴天。在迅速盥洗後，背起行囊準備退房離開時，我在門縫發現一張小紙條，看完上面所寫的文字後，嘴角不禁露出一抹淺淺的微笑。於是我輕輕關起房門，在心裡向這樣不期而遇的回憶，道聲珍重再見。

　　「小兄弟，今早不見你下樓與我們一同去看日出，我們想你可能昨夜喝多了。不過，比起我們昨夜共度的瘋狂時光，區區日出，實在不是什麼了起的景色。祝你接下來的旅程順利平安，我們後會有期，未來旅行中相見！」但願，探索世界的步履從未停歇，讓遠方的風景，都能成為未來走過的足跡。

天際間的飛行.

旅行即是
對人生義無反顧
的信仰.

臺灣

Taiwan

時差的搏命演出‧清水斷崖

「想當年，我可是長班落地回臺灣，隔天清晨不要命，就衝去清水斷崖划獨木舟等待日出呢！」假如你問我，組員生活最需要克服的難題是什麼？我會毫不思索地立刻回答你：「時差。」

撇除每年艱難的年度安全複訓，時差絕對是每位組員都會面臨的課題。

隱藏在「彈性工時」背後的意義，其實就是代表不規律的生活作息，時常得在生理時鐘正該呼呼大睡的時間起床工作、在精神抖擻的情況之下硬要逼自己趕緊入眠休息。工作有時要起得比雞還早，或是早已滿天星斗卻尚未回家，這就是組員生活的日常。

幸好，我擁有一個易累又易睡的體質。如果說只要給阿基米德一個支點，他便能舉起地球；那

麼只要給我一個平面，我便能睡到天荒地老。彷彿活在沒有時差的世界，只要艙門關起，熟練地轉動手錶的時間後，我就瞬間抵達另一個時區。

這絕對是個不良的示範，因為每天都在玩命演出！

昨夜凌晨兩點半，我正在從洛杉磯返回臺灣的班機上，差不多要結束機上的輪休、起身準備第二頓的餐點服務。不過，今天一樣的時間起床，目的地卻是前往清水斷崖參加獨木舟日出團。我不知道自己為何要答應這種燃燒生命的活動，天還未亮就睡眼惺忪的被姐夫們拖著出發。然而一抬頭，眼前的景象趕跑了我身體裡的瞌睡蟲，沒有光害的星光璀璨，是我這輩子都未曾見過的美景，任何攝影器材皆無法真實還原眼前的感動。

在浪濤聲與繁星的相伴下，我們早已被震撼得無法言語。捨不得錯失任何片刻，只擔心流星消逝的瞬間還來不及許下心願，一切額外的交談都顯得多餘且累贅，擔心破壞這難得可貴的寧靜。當日出浮出地平線的那端，金黃色的光芒四射，照映在海面上的是波光粼粼的金絲網，乍然覺得一切的辛勞都值得了。經過教練教導我們如何辨別海浪的波向以及簡易的划槳動作教學後，我們便兩兩成行，數著海浪拍打岸邊的頻率，抓緊空擋就出海了。

在烈陽尚未躍出海平線前，夥伴們奮力擺動手臂的剪影隨著日光的增亮逐漸變得清晰，順著海風吹拂的方向、一同朝著斷崖努力前行。全程來回約兩公里聽起來似乎很短、很輕鬆，當初還擔心會不會玩得不夠盡興，但實際執行後簡直就快要了我們的老命啊！慶幸自己是參加日出團，要是在烈陽之下肯定會被曬成人乾。

每回參加這種如此折磨自己的戶外活動，無論是跋山或是涉水，

過程中我經常無法平靜地觀賞沿途的風光，每條神經系統與肌肉紋理都在強烈拉扯。但讓自己感受痛苦、受盡折磨，去擁抱任何讓自己不舒服的經驗，都是為了證明生命是如此的強韌，自己是位曾經如此瀕臨死亡、最終卻又存活下來的人。

「欸，別偷懶！一邊看風景一邊還是要記得划槳！」

當太陽完全升起之後，烈陽燒燙了我們的肌膚，我再也沒有閒情逸致欣賞眼前的美景。回程段實在是又睏、又餓、又熱、又累，僅單靠意志力控制船槳前進，就像是實驗室裡的小白鼠在滾輪當中不斷奔跑，手握著船槳不斷賣力划動，只盼能早點上岸歇息，一心只想著快點回市區吃早餐，然後回家好好補眠。最後支撐我的只剩下滿腦的美而美與山東豆漿大王。

沒印象最後是如何上岸，醒來過後早已是午後時分，發生的一切彷彿黃粱一夢，如夢似幻的場景只留下雙臂與後頸部的曬傷能證明經歷過的猖狂。只要一次就好，人生能夠幾回瘋狂？有些時候做了一件事，卻值得拿出來說嘴一輩子。

這就是旅行，對我而言投資報酬率最好的一件事情。

旅行裡的命中注定・太平山

　　我絕對相信世界上一定有「旅行之神」的存在。

　　如同綜藝節目中總會提及「綜藝之神」的說法一致。為了讓遊戲類的綜藝節目更有話題性、能引發觀眾的興趣與關注，往往有股超自然的神力會製造出意想不到、高潮迭起的結局。例如讓實力懸殊的競賽產生僵持不下的拉鋸戰，或者始終落後的隊伍竟在終點前突然逆轉勝利。或許你會說：「這全是電視製作人的陰謀和節目效果，傻瓜才會當真！」但是，因為總有觀眾深信不疑，所以遊戲過程才會使人投入，節目才因而更加精彩。

　　旅行似乎也是一樣。旅行者如果出發不帶點故事回來，行囊中只有滿載而歸的紀念品與伴手禮，還有資格自稱旅人嗎？為了讓旅行過程中的故事充滿戲劇張力，旅行之神總是不斷給予我們無止盡的挑戰關卡與意外驚喜。

　　開始習慣旅行即是生活的步調之後，我可能不經意地就闖入了他人的另一種生活模式與態度，越來越不需要特別地去規劃及定義旅行的目的與意義，因為旅行即是我人生義無反顧的信仰。

　　旅行的最後，連目的地都變得不再重要。

　　那天早晨，我們決定前往宜蘭太平山搭乘森林鐵道的蹦蹦車，順路一探全球最美的二十八徑的見晴懷古步道的真面目。為了避開週末擁擠的人潮而提前出門，想不到抵達停車場時卻早已停了滿山滿谷

的車輛，只好尋覓其他能夠停車的空間，卻在小徑與對向來車交會的過程不小心將自己駛上一旁的巨石上，導致車輛右側的前後輪原地空轉、尷尬地擱淺在路旁。

等待救援的過程，一旁經過的路人們總是好心地詢問是否需要任何幫忙，熱情的關懷讓我深感認同臺灣最美好的風景真的就是人！最後透過專業警消的協助才解除這場烏龍事故，但我們也因此未能及時搭乘原先規劃好時間的蹦蹦列車。

在等待下一班列車的空擋，利用有限的時間去「快步」掠過世界最美之一的見晴古道。對比其他悠遊漫步的登山客們，我們幾乎是一路上開啟競走模式的迅速往返，不容許自己為了眼前的美景片刻留戀與駐足。甚至之後搭乘蹦蹦車的過程，也需要與「報復性出遊」的團體遊客們爭奪列車座位，彼此擁擠行走在原先應該寧靜安詳的森林步道，整趟旅行就是場考驗人生耐性的大災難。

直到最後回到停車場，這種如獲重生的喜悅彷彿歷劫歸來，第一次如此迫不及待想要逃離這一切。

當我們開啟車門的瞬間，後方突然傳來一位中年男子的聲音：「不好意思，打擾你們，請問你們是準備要下山了嗎？因為我看錯了約定的集合時間，沒有搭上原先的遊覽車，我同事以為我搭上了另外一台

　　車先離開，結果現在才發現我被丟包了！如果方便，不知道能否搭乘你們的車一起下山？把我放在任何能夠叫到計程車的地方就好了。」

　　我與同行的夥伴迅速地交換了一下彼此的眼神，幾乎是同時笑了出來。我們直接開車將他送回到他團員的身邊，他的朋友還特地準備了多樣當地的名產送給我們。

　　返回台北的路上，我向朋友提問：「你有沒有覺得這一切其實都是命中注定啊？如果我們今天早上沒有發生意外，導致搭不上原先計劃的蹦蹦車，我們就也不會先去完見晴古道才去森林鐵道，當然也就不會在停車場遇到被團員拋下的他。這一次好像都是冥冥之中安排好的，只為了讓我們遇見他，然後幫助他。」

　　「我也正有這樣的想法！或許，這也是旅遊之神給我們的考驗吧？一路上我們獲得了別人的幫助，才能解決今日旅行上遇到的種種

困難。搞不好他就是旅遊之神的
化身，如果我們今天拒絕對他伸
出援手，他該如何從遙遠的山中
返回到市區？又或者⋯⋯我們將
會面臨另一場更大的災難。」

　　之後的一切都異常順利。在
週末的傍晚時分沒有遇到大規模
的塞車路段，一路暢行無阻、平
安順利地返回台北，最後還意外
地發現那位先生在後座椅袋偷偷
夾了一張五百塊鈔票。

　　旅行上的任何相互幫助本就
都是出於善意，無法比較與實際
量化。不過，如果舉手之勞的美
意即可獲得五百元的車資補助與
小小心靈的安撫慰藉，我也是非
常樂見其成。

一口氣的世界・小琉球

那一天，我們達成共識。人在處於逆境或是低潮時期，似乎往往會爆發驚人的創造力。相反地，如果當生活趨於平淡、規律的日常反而無法產出扣人心弦、引發共鳴的創世巨作。

起初我還不認同這個理論，但想到美國失戀系女歌手泰勒絲每當分手之後，都會靈感大爆發地創作出多首膾炙人口的經典熱門歌曲，就覺得這個說法好像也蠻有道理。

美國知名作家海明威在《老人與海》中曾經寫道：「生活總是讓我們遍體鱗傷，但到後來，那些受傷的地方一定會變成我們最強壯的地方。」而在生活中不斷挑戰讓自己不舒服、不適應的環境與狀態，是否也才算是真正的成長？

從小不擅水性的我對於能夠自在徜徉於大海中的人，總是投以欽慕與敬仰的目光。關於自由潛水一事我其實早已觀望許久，能夠與成群魚兒戲水、一覽海底珊瑚之美，幸運的話還能與海龜一同在海底翱翔，這幅曼妙誘人的畫面不知早在腦海中排練過幾百回，但就是缺乏關鍵的動力去實踐。這次，獨自報名三天兩夜的小琉球課程，除了想逃避現實生活中發生的問題外，更是想督促自己不要凡事都只是空想而缺乏實際行動。

不過，自由潛水，遠比我想像中還要更困難。

沒有經歷平靜泳池的訓練就直接跳進波濤洶湧的大海裡，起初

平壓攀繩下潛不到五米的距離，內心便開始慌亂、急忙著想要浮上水面。教練總在一旁耐心的教導與關心：「下潛耳壓還好嗎？有任何感覺不舒服的狀況嗎？還是氣不足、已經憋不住氣了嗎？」我只是無奈地搖搖頭苦笑：「其實還好，但我就覺得不應該繼續往下，好像應該回頭上岸了。」

　　直到經過多次的練習與嘗試逐漸適應水性，並漸漸克服心中緊張的情緒，終於第一次平壓攀繩下潛摸到海底的浮球，浮上水面後的心情真是說不出口的喜悅。我才發現原來自由潛水這項極限運動，並非只是訓練自己的呼吸與憋氣的技巧，更困難的是挑戰自己，面對自我內心的恐懼，並學習在不安與焦慮的環境中，依舊能夠如魚得水的自處。

　　可惜過程中我因為在海面上大腿抽筋，導致情緒緊張因而過度換氣，造成四肢麻木經攣、呼吸不到空氣的我眼前一片昏暗差點暈厥。甚至結訓前一天因為鼻子過敏的緣故未能充分休息，考核當日直接暈浪嘔吐、未能順利完成所有考核項目而提早上岸休息，最終沒能獲得證照的認可。但是自由潛水最大的樂趣在於每一次下水都能見證到自己的進步，超越自己到達更深、更遠的距離，戰勝自己未曾經歷的

一切，對我而言其實早已是最大的勝利。這是一個全新的領域，認真呼吸的每一口氣，都只是為了看見更獨特的風景。

然而，自由潛水與水肺潛水不同的地方在於水肺秉持著在水中依舊保持穩定且正常的呼吸頻率，能夠長時間的在海底探索另一處世界。而自由潛水則是憑藉著呼吸的一口氣，去挑戰自我的能力極限。教練提醒我們：「人類能夠在短暫性的停止呼吸從事自由潛水活動，是因為身體自主降低四肢肌肉與腹部器官的氧氣消耗，並將氧氣優先保留給大腦、心臟與肺部等器官使用，以延緩大腦可能造成的損傷，直到恢復正常呼吸的過程，稱為哺乳類潛水反射。

與飛機最容易在起飛與降落中釀成災難的概念相同，當人類經歷長時間的憋氣，從海底深處浮上淺水區的時期，因為水中壓力的迅速轉換以及體內含氧量短缺的緣故，是自由潛水最容易發生意外的時候。因此，當你看見你的潛伴從海底即將要浮上水面時，請記得將浮球優先推給他抓牢，並提醒他恢復正常呼吸。」

我感覺自由潛水的這段過程像極了人生，在遇到挫

折時總是希望能有人對自己伸出援手，就像浮上水面時需要的浮球一樣，只有抓牢了，安心了，才能正常呼吸。

有段時間，犯了錯的我十分畏懼夜晚以及黎明的到來。

日日懷抱著擔憂與煩惱無法輕易入睡，卻又總在天亮時分開始害怕自己無法面對和承擔一切。腦海中不斷沙盤推演過的劇情，是各種最好與最壞的情況都重複排練了好幾百遍的結果。

從小到大沒經歷過什麼挫折的我，無論是在求學或是出社會工作都是如此。即便不是最頂尖的選擇，但凡事也還算心想事成。以前我就曾經假想在未來倘若遇到難關，玻璃心容易碎滿地的我非常有可能直接一蹶不振。

幸好，年少時發生的錯誤，能夠在成年後即時補救並得到最圓滿的

解答，任何最好與最壞的結局都沒有發生，就已是最大的幸運。

人啊，為何非得要在失敗與錯誤中才願意記得教訓呢？

當人遇到困境或挫折時，總會希望自己能獲得拯救與救贖，但卻又容易無視他人存在突然陷入自己的空間，然後開始一連串沒有必要的胡思亂想。我現在仍由衷感謝身邊願意傾聽並給予支持的朋友們都即時地拉我一把。

謝謝你們，當我的世界急速失控墜落的時候，依舊選擇緊緊接住了我。如果可以，未來我也期許自己能成為他人的浮木，陪伴著一同度過生活中任何的問題與難關。因為我們永遠不會知道，自己簡單的一句鼓勵或者一段時光的陪伴，對於即將斷氣溺斃的人來說，是多麼珍貴且重要的存在。

旅人的靈魂中
總是存在一份固執

日本
Japan

兒時的夢想・小樽

　　屬於我的北海道不存在四季，永遠都是正在飄雪的童話國度。

　　一般來說，札幌絕對是多數同事喜愛的航班。除了豪華的螃蟹料理、CP值爆表的迴轉壽司、北海道特色的湯咖哩、起司蛋塔以及各式各樣品牌的知名伴手禮之外，更別提每年秋天佇立在城市中寧靜森林一隅有多浪漫。

　　像極了武士帽的北海道神宮，散發出沈穩與莊嚴的氛圍；滿天楓葉與銀杏將北海道大學染得金黃；還有在冬季的大通公園內舉辦的札幌冰雕季，綿延數公里的冰雕作品搭配霓虹炫彩的燈光表演，實在精彩至極。札幌就是一座到處走走看看、吃吃喝喝，口袋的時間與盤纏永遠都不夠揮霍的城市。

即便帶了把雨傘，全身依舊被無情的風雪淋濕，或是一出地鐵站就不幸狠狠怒摔一跤，生活中值得紀念的並非宛如童話仙境般的細細初雪，也不是匿藏於民宅區的一杯暖心咖啡香，而是面對一切的不順，眼睛始終彎得像月亮、真實地發自內心，興奮且充滿喜悅的笑容。值得幸福的人永遠都能看見生活的光明面。在這裡，大部分的時光都是一樣的。從白晝吃到黑夜、完食後再找下一間續攤。

　　但是，旅人的靈魂中總是存在一份固執。

　　儘管被多次勸退，仍堅持只為自己眼見為憑。確認以上信念不變之後，從此再也不聽信別人的旅遊建言。你覺得有趣的地方或許我根本不感興趣，你認為無趣的景點對我來說也可能充滿意義。

　　就算那裡真的無聊透頂，也需要等我親自去了才有資格和你說：「欸，那邊真的蠻 Boring 的耶！」

　　明知寒風刺骨，卻仍一意孤行。唯有在冷冽之中，靈魂才能永保清醒。或許這是成長的蛻變，連無聊也終將變得無懼。

　　記得是一次在寒冬罿雪的札幌，我義無反顧的決定獨自前往小樽，想親眼見證眾人所云「一排類似倉庫的房子，搭配一條大水溝」的無聊小樽是什麼模樣。由於搭車到達小樽車站時，距離「小樽音樂盒堂」的關店時間只剩不到一小時，我在冰天雪地的小樽全速衝刺好幾個路口，只為了朝向音樂盒堂的位置狂奔，雖然聽起來有些浪漫，但是膝蓋的僵硬卻誠實地述說著天氣的嚴寒。

　　小樽音樂盒堂是位於熱鬧的小樽童話交叉十字路口，一棟雙層以歐式文藝復興為主題風格的氣派建築，裡頭陳列與販賣來自世界各國、上千種精緻的古董與現代音樂盒。而佇立在門口的古老蒸汽鐘，

是與加拿大溫哥華蓋市鎮全球首座蒸汽鐘同樣款式的姊妹之作，每十五分鐘會以蒸氣演奏的方式，鳴出我們熟悉的下課鐘聲的五個音階旋律。

在寬敞挑高的建築內，上千款式的音樂盒當中，來自某處的一方正深深地招喚我。

那是一個棕色的泰迪熊正在吹奏著薩克斯風模樣的音樂盒。

我始終深信，生活是經驗層層堆疊出來的結果，不同的選擇將帶領我們走向不同的道路。誰也無法預測自己正朝著什麼方向前進，但學著珍惜著生活中每段不同的過程是件重要的事情。

如果以後這個世界有能力讓我們乘著時光機回到過去，讓我遇見當時就讀小學的那個男孩，我無法狠心地告訴他——在未來，你並沒有成為一個專業的演奏家，而且當時，有很多更厲害的人，都沒有。

　　儘管兒時渴望成為專業演奏家的夢想在未來沒有成真，但這並不代表曾經努力練習的一切就不具任何意義。參與管樂團四處演出以及比賽的時光，絕對是青春歲月裡最不可或缺的美好回憶之一，如果因為知道未來沒有繼續朝著這條道路前進，而否決人生中這一段的經歷與故事，是絕對不行的！

　　而當時的我也永遠不會知道，在某個成為大人年紀的冬天，在小樽音樂盒博物館裡，我會再次遇見屬於自己兒時的夢想。

帶著爸媽去旅行・京都

　　二〇一五年臺灣 TOYOTA 公司推出年度形象廣告「家族旅行」，裡頭有一段讓我印象深刻的台詞是——「家族是場旅行，在一起就是目的地。」當時，我正苦惱該如何籌備帶爸媽去日本京都自助的賞楓孝親之旅。一個還沒去過、實在毫無頭緒的地方，首次出發便要帶爸媽一起闖蕩，著實倍感壓力。

　　以前我在旅行中是位按表操課的偏執狂，比旅行團還更嚴格控制時間，確保不會錯過任何安排的行程。但後來只要確認往返的交通與住宿，別讓自己露宿街頭，剩餘一切就隨遇而安，就算沒有行程也無仿。

　　一個人旅行，偶爾迷了路，尋不著方向，或許是種愜意的浪漫；但帶著爸媽一起旅行，假若帶著兩老繞了一堆冤枉路、沒事先查好景點的開放時間因而撲空、甚至還吃到地雷級食物，那肯定只會像個蠢蛋，一點都不浪漫。在不清楚他們的底線與能耐之前，採取自助絕對是風險極大的自殺性行為。但對於鮮少出國遊玩、語言不通、人生地不熟又離家千里遠的爸媽來說，去了什麼景點似乎都不是那麼重要，真正讓他們開心的反而是我們一起走過的路、看見的風景。

　　終究，和家人在一起，才是真正的目的地。

　　循著京都每條小路信步而行，皆能體會它濃厚的文化底蘊，將世代相傳的傳統周全地傳承下來。

　　如果人一生中，只有一天能留給秋天的京都去欣賞烈火般的楓

葉，我想毫無疑問的選擇就是東福寺。從踏入寺院的那一刻起，滿山遍野的通紅瞬間佔據眾人目光。沿著無數紅葉環繞的長廊，慢慢步上東福寺最著名的通天橋與臥雲橋，眼前的紅宛如顏料潑灑在大地一般，令人目瞪口呆、捨不得轉移視線。

　　日本楓葉的絕妙之處不只是鋪天蓋地的數大之美，更令人驚艷的是配合一寺、一閣、一牆、一窗組合成一幅畫。細膩又精緻地融入風景之中的園林理念，處處都別具巧思。京都有各式各樣的賞楓方式，楓葉靜靜守候一整年的時光，在秋季乍到之時鮮紅登場，無論天氣是晴是雨，都能顯現它獨特的意境之美。

　　就好比有著清澈的保律川蜿蜒流過的嵐山。我們興奮地擠上嵯峨野觀光列車，穿梭在兩側楓紅蓊鬱的群山之中，啟程時遠方突然下起陣陣細雨，正當我們因為天氣的變化感到失落之際，紅葉卻悄悄地變成一場熱鬧的盛宴。尚未踏上保律川上的渡月橋，嬌豔的橙紅已經隨著遠山的雲霧滿溢了出來，經過雨的沁潤，濕潤的楓葉更顯羞澀，楓紅也更加鮮豔。佇立在被霧氣繚繞的渡月橋上觀賞，颯颯而起的風聲撥弄著河堤兩側的楓葉，像是在聆聽一場大自然演奏的交響樂，好似

一切都正等待著這場及時雨，讓不完美適時變得如此完美。

　　而南禪寺的夜楓，則又是另一番風景。當天色入夜，人潮才逐漸聚集起來。一罈池水旁綻放的楓葉寧靜地倒映在湖水之中，在光影的投射下宛若仙境，在昏暗的永觀堂，主角是楓葉，夜楓在燈光強烈地照映下，越暗的地方越凸顯他們的光亮。讓每位進到院裡的遊人，永不止息的驚呼，又使勁地努力屏息，深怕自己的喘息驚擾楓葉與夜色的長相廝守。直到最後，無法辨別方向只能盲從著眾人的方向前進，我和爸媽都因為時而太昏暗又時而太光亮的環境感到頭暈目眩，才依依不捨地與這樣的精彩夜晚道別。隔天早晨，在簡單享用過旅館提供的日式餐點後，隨即又展開一整日的行程。

　　初見大名鼎鼎的鴨川，沿著兩岸的步道緩緩前進。橫跨川岸的大橋上神色匆忙的行人快步穿梭，橋下的清澈溪水涓涓細流，盡是談天說地的人們真實的生活寫意。雖稱不上絕美，但每個人用不同的方式，與自然水岸交談的時光，愜意十足。

　　不過，或許是我不懂鴨川之美。對於鴨川，許多朋友都有種執著的愛戀，但當我親臨現場卻感受不到絲毫足以動容之處。有些時候

也是，當大家對於某些景點給予高度評價與讚賞，最後吸引我的卻是那些雞毛蒜皮又絲毫不起眼的小人小事。無法獲得來自鴨川任何的感動，我想是因為我與它之間並沒有發展任何連結，但下次當我再度想起鴨川時，我會記得我那對可愛的爸媽，在橋上自然相覷而笑的畫面。這才是我的鴨川，最美的角度。

　　當然，這趟孝親之旅的重頭戲，是爸媽的和服初體驗。

　　媽媽總愛瞇著雙眼、笑著自嘲說：「咱就是歹人愛拍照啦！」然後硬拉著爸爸一同入鏡，什麼景點都要留下彼此的倩影。凡是刻有地名的指標、招牌或是景點的經典角度，無一不放過。儘管他們嘴巴上嚷嚷著：「啊這個有什麼好拍的？」下一秒卻早已擺好專業網美交叉腿的站姿，準備就緒。我想，若能在古都穿著傳統和服幫他們出外景，應該會是個特別的回憶吧？

　　由於擔心爸媽穿著木屐無法行走太遠的石板路，於是訂了下午才前去日租和服店進行換裝。要在眾多風格的花色裡幫媽媽挑選一款適合的和服，實在難倒擁有選擇性障礙的我。只好尋求店內造型師的意見，並順便請她替媽媽打造日本盤髮造型，好讓她完美登場。反倒是爸爸，剛開始一直說：「我才不要穿這個！你們玩就好！」可一旦開始幫他挑選合適的尺寸與樣式的時候，卻立刻像個興奮的孩子一樣，萬分期待見到自己全新的造型。

　　著裝完畢後，隨即展開一場旋風式的密集外拍之旅。

　　乖巧又配合度極高的爸媽，在攝影魂爆發的兒子不斷丟出的指令之下，從一開始只會直挺挺地站著看向鏡頭，到後來恥度大開，各種變換姿勢、表情，與我隨便給的模擬意境幾乎一次到位，就好像是一

對佳偶新人，遠渡重洋前來京都取景拍攝的婚紗照。也讓我了解每次當有人說我的照片為何看起來戲份那麼多？看完爸媽這系列的照片，我想不難解釋這就是所謂的遺傳吧！

直到次日要搭車離開京都時，媽媽偷偷在耳邊和我說：「你老爸這趟一直念念不忘穿和服的事情，昨晚還和我抱怨怎麼只穿一下下，為何不早一點就換呢？」只能說和服的魅力，讓平時個性拘謹的爸爸都臣服，畢竟他們是這趟旅行的主角，他們開心，我就開心了。

不過，現在回想起來，帶著爸媽自助行真心比自己獨自出門還要累上千百萬倍。帶著爸媽自助不僅要擔任導遊領隊、人體 GPS、還要兼任攝影師、造型師、翻譯與隨行褓姆等職務，看到用餐時間到了就要問他們會不會餓、看到洗手間就要問他們要不要上廁所、看到椅子就要問他們需不需要坐下來休息一下。

儘管當時猖狂的楓紅仍深印在腦海，但讓我難忘的仍是爸媽臉上無時無刻流露的幸福與深感滿足的笑容。看見他們既興奮又高興的模樣，彷彿自己瞬間變成了一個大人，正耐心地向他們解釋十萬個為什麼，就像他們小時候不厭其煩地對待我們那樣。而這些都是長大後才知道的珍貴回憶，也都是我所真正懷念的京都。京都這個名字，在來過一次之後，所有的記憶總會時不時湧上我的心口，期待再一次親臨，又再一次離開。

爸媽，你們辛苦了！謝謝你們願意陪我一起迷路，下次還要去哪裡探險呢？

起飛與降落之間‧完整的句子

　　不知何時開始，我嘗試著使用「完整的句子」與客人對話，試著想要讓自己在工作上找到一些樂趣與專業性的感覺。逐漸地，我養成一套防呆機制的 SOP 服務術語，將當下要執行的動作念出來，或是複誦一次客人的需求，以防止自己恍神時出紕漏。

　　如同超商店員一樣「收您一百元，找您四十五元。」在上班的過程我不斷自言自語，反覆著對每位乘客說著大同小異的句型。

　　「這是您的雞肉飯，請慢用。」

　　「可樂需要為您加冰塊嗎？」

　　「要為您準備熱咖啡嗎？需要加點糖奶嗎？小心燙，請慢用。」

　　「餐點還需要使用嗎？為您整理桌面。」

　　「免稅品折扣後的金額是兩千五百元，請問付現還是刷卡？收您信用卡，請在打叉處簽名。」

　　就像是國小生的照樣造句一樣，只要將不同元素套入固定的句型當中，再加入特定的服務用語做結尾，偶爾適時地來個眼神交流再搭

配個燦笑，差不多就可以安穩地完成一趟航班。

送餐時，難免會遇到餐點選擇一面倒的情況，為了不造成同事之間的困擾與盡量讓乘客能夠覺得自己選擇了一份「聽起來」比較好吃的餐點，因此每每出發送餐時總是得腦力激盪一下。

我一直不懂為何雞肉是如此百搭的食材，例如三杯雞再搭配白飯絕對是吃了無敵星星直接開外掛的選擇。所以每次只要講到含有雞肉食材的選擇，總是輕飄飄地帶過，客人越是聽不清楚最好。相反的，飛機上的魚肉就很不討喜，不管糖醋、酥炸或是蒲燒都一樣，偶爾還得用『海鮮魚飯』矇騙過關。客人或許會以為自己能夠拿到干貝龍蝦生蠔的西班牙海鮮燉飯吧？

那一天，是三杯雞飯與蒲燒魚飯的對決。

其實還算是好處理，至少不是搭配麵條或是馬鈴薯這種會扯後腿的主食，而且日式蒲燒鯛魚飯我自己也很愛吃，覺得遠遠勝過無聊的雞肉飯。但是機上的客人除了講話都愛用氣音、用唇語、還音量很小聲之外，更是惜字如金、熱愛各式縮寫。

話說那天……

「你好，今天為您準備日式的蒲燒鯛魚飯，還是要吃雞肉飯呢？」

「嗯……就給我來一份鯛肉飯吧！」

或許是我見識短淺從沒聽過有人這樣縮寫，於是不爭氣地給了一個誠懇燦爛的笑容，難道我是大鵰哥的身份你也知道？

「這是您的鯛肉飯，請慢用。」

能在行走中, 獲得心靈
最真切的感受
便該知足

印尼
Indone

當青春巧遇冒險·泗水

「大哥，你第一次來這裡吧？走，我
們去看火山！」

擁有「萬島國」之稱的印尼，是全
世界上最大的群島國家，總人口數高達兩
億六千多萬人，是世界第四大國。印尼身
為東協人口最多的國家，隨著當地經濟快
速發展，中產階級的購買力大幅提升，龐
大的內需消費實力從購物中心的數量與規
模就能看出些許端倪。動輒上萬坪的購物
中心，一間比一間還要氣派與高級，許多
在臺灣尚未設置專櫃的國際品牌，在印尼
購物中心都能搶先看到。對這個貧富差距
甚大，既先進又落後的國家而言，充沛的
人力資源與天然的觀光條件，都是印尼發

展迅速的主要推力。

　　不過，對於組員來說，任何東南亞過夜班都是大同小異的行程。

　　飛機平安抵達之後的活動，不外乎是豪華美景的貴婦下午茶，或是讓人一解筋骨疲累的精油指壓按摩、又或者是永無止盡的百貨血拼購物，然後再去美食街打包便當回房間繼續的追劇人生，頂多晚上回到飯店健身房或游泳池，替一日未曾間斷過的進食行為稍加贖罪，隔天早晨天尚未亮，便早已收拾好行囊踏上返家之路。一次又一次，已成為組員間不可多言的行為模式，懶得再去探索城市之間的細微末節，就用最軟爛、最沒有競爭力的方式苟且偷生，卻發現自己也是能活得好好的，甚至還挺愜意快活，耍廢也是蠻爽的。

　　不過最難忘的回憶，總是突如其來的發生。

　　在一個全然沒有準備的情況下，缺乏禦寒保暖的衣物、連最重要的相機也安然地躺在家中防潮箱，就答應同事參加婆羅摩火山的日出行程。晚上十一點集合出發，同事提醒我記得帶上飯店枕頭。畢竟，單趟路程三小時的遙遠距離，總得要想辦法讓自己舒服些。

　　Camera Lawang 是距離婆羅摩火山大約三公里的一個小村莊，由於山區海拔高度約兩千五百公尺，因此在日出之前較為寒冷。但畢竟是來到東南亞，大夥們均沒有攜帶禦寒衣物，於是出發前我出了個餿主意，叫大家借上飯店的浴袍當外衣，儘管保暖效果不大，但當刮起強風時倒是實用又時髦，我們輕易地就搶走婆羅摩火山的風采，意外變成眾旅客爭先恐後搶著合影留念的一處新興景點。

　　不過，我們比預計的時間還早抵達，在天寒地凍又環境險惡的情況下等待日出，恐怕尚未看見暖陽，我們四人早已先行陣亡。於是，

我們在路邊小吃攤吃起了當地泡麵暖身，而組員們的話匣子一開就聊到渾然忘我，直到發現店內其他乘客全都早已消失無蹤，才驚覺外面天色漸漸光亮，急忙結帳並一路向山頂狂奔，擔心自己多貪戀店家溫暖的爐火一秒，便會錯過日出瞬間現身的光景。

　　幸好，太陽尚未露面，一切都及時趕上。

　　山嵐正悄悄地升起，淡雅的一層薄霧緩緩湧上山腰又沿著山脊繚繞幽谷，火山口一團又一團的白煙裊裊，畫面彷彿穿越了時空回到原始侏羅紀的世界。隨著遠方的天際逐漸微亮，等待日出現身的人們佔據了各種角度，期盼日出絢麗登場。直到天色已慘白，仍不見它的蹤影，人生似乎又再次徒留些許遺憾。

　　不過，能在行走中獲得心靈最真切的感受，便該知足。倘若未曾親身經歷、親眼所見，這些字裡行間的描述、千幅影像下的景色，終究也只是一則「聽說」而已。

　　此時此刻，我正需要一份醉意的朦朧。真正的邂逅，是我答應踏上這片土地開始，不勞辛辭千里迢迢而來，而你依舊如夢境中那樣詭譎神秘，驚鴻之間便輕易佔據我心。我總是希望旅行中，美好的事物都能夠出現的再久一點，讓我能清楚將它牢記在心。然而，美就是如

此，因為短暫而扣人心弦。

隨後，再度搭上吉普車奔馳至山腳下，準備登上婆羅摩火山。

選擇以馬代步，一行人毫不費力地就到達火山口的下緣，但是穿著浴袍騎在馬上的英姿，實在太像大話西遊取經的場景，帥得自己無地自容。下了馬後，馬伕發給我們一張小卡，上面寫著帶領我前來的小馬名字，以防我下山之後找不到他們，而我們還需要憑著自我的力量，攀上兩百五十層階梯才能到達火山口頂。

婆羅摩火山屬於較活躍的活火山，站在火山口邊緣，時不時轟隆轟隆地蠢蠢欲動，顯現出活火山擁有的獨特霸氣。往下望去盡是黑不見底的黑洞，完全無法辨識火山裡頭的混沌，在沒有圍欄隔離的情況之下沿著洞口行走讓我如履薄冰，此時若不小心栽下去，肯定是來不

及與今生今世道別離。站在高處環顧荒涼貧瘠的四周，黝黑的火山灰掩蓋了大地，山谷被披上一層黑絲綢。而我幸運地就身在風景裡，若不是正站在高處，是永遠無法領略它的魅力。

回程的道路，或許因為整夜沒睡，有種過於亢奮後的疲乏，只是靜靜地凝望火山，任憑著馬兒領我向前。回想著這一夜的精彩，彷彿一場夢境，而最終依舊得甦醒。

直到工作結束、返回家後看著一張張婉若仙境的迷幻場景，才又重新憶起，一趟至今難忘、也曾懷疑是否真實存在過的景色，因為遇上了，記憶才如此鮮明，顯得獨特。

而我，又是多麼幸運才能參與其中。

別再讓我跟團・峇里島

　　如果神要懲罰我，那就讓我跟團旅行吧！

　　自從勇敢踏出舒適圈的那一天起，我深刻體會到自助旅行帶給我的前所未有的體驗，可以任憑當下的心情決定行程遊走的快慢、街頭美食的抉擇、甚至是旅行最終的方向。在嘗盡自助之旅的快樂與閒逸後，實在無法想像失去了自由的行走，是否還夠資格稱為旅行？

　　倘若非不得已的情況，立誓絕不跟團旅遊的我為了貪圖便利，跟家人一同報名峇里島的旅遊團。原先幻想的「戀夏峇里，經典旗艦奢華之旅」是住在獨棟的 Villa 享受著高檔的花瓣精油 Lulu SPA、在無邊際的海景泳池畔品嚐經典貴婦下午茶，或是在烏布傳統市集貼近尋常百姓的民間生活、餐餐大啖生猛海鮮、狂飲現榨的香醇果汁，在辛勞一日之後能伴隨著星辰入睡、次日被暖陽輕聲喚醒。

　　但現實總是殘酷的。獨棟的豪華別墅像是正在營建的旅店、標榜獨立的游泳池充其量也只是座堪用的小池塘，海鮮全是看起來營養不良的透抽和吃了就像會隨即過敏的小蝦米、飲料的選擇也永遠只有汽水與紅茶，經歷了一天的折騰之後，回到房間還得睡在充滿濕氣與霉味的床鋪上，夜夜巴不得早晨趕緊到來。

　　日日是一如傳統、合情合理的中式團餐與無時無刻都在拉車趕景點的行程。我們的當地導遊是位退休的中文教師，一上車便開始要我們像小學生整齊劃一地回答他各式的提問，並專心聆聽他像是在朗誦

課文般講述著旅遊書就可得知的景點介紹。聲調和語速極度催眠令人折騰，每當想要偷打瞌睡，便會被他拿著麥克風大聲喝斥：「坐在後面的朋友不要睡覺！聽我說！」一切彷彿回到了學生時代，在講堂上授課的老師將粉筆奮力地在教室劃出一道完美的拋物線，擊中最後一排早已熟睡香甜的同學腦袋上。

　　我也始終困惑，為何團體旅行中總會遇到不守時的一家人？遲到久久不能發車，只為了等待他們排隊結帳要買回去發送給親朋好友的紀念品。回到車裡只是一句「抱歉，結帳耽擱了」就想了事？為何準時回來的人不能瀟灑地轉身離開，讓遲到的人從此過著悲慘又無助的生活？

　　爸媽總是不斷強調跟團真的很好很方便啊！什麼都不用自己操心！儘管我仍願意相信世界上會存在完美的旅行團體驗，但是目前還不太願意相信會如此幸運讓我遇到。總之，初次的峇里島印象就這樣毀了，唯一讓我念念不忘的是在金巴蘭海攤上的一根烤玉米，而且還

是我自掏腰包買的。回程後爸媽多次聲明，這家旅行社過去也曾幫忙他們辦過許多次旅遊，他們的朋友也都很滿意，讓我開始懷疑我們繳的昂貴旅費到底都去了哪？還有爸媽以前到底被騙了多少的錢！除此之外，跟團旅遊實在沒有讓我留下任何好印象。幸好，公司從未安排給我這個航線，我也免於需要努力找人換班的麻煩。

直到某次因為颱風天導致航班大亂的待命職務，當我備妥準備飛往美加等越洋航線的保暖羽絨衣物時，電話那頭的派遣大哥淡定地說出：「麻煩你，峇里島。」才發現即將面對的不只是一趟可怕的熬夜紅眼班，更是一場讓我徹底對峇里島改觀的航程。

凌晨起飛的班機清晨即落地，於是我們擁有一個白天的時間能夠自由運用。便與其他同事們相約傍晚一同前往位於金巴蘭區的 Ayana（愛雅娜）度假村內的 Rock Bar，一間沿著懸崖峭壁興建的餐廳酒吧。每日下午四點開始營業，但是不接受非飯店住戶訂位，卻仍深受來自

各國的旅客爭相蜂擁排隊朝聖。

　　搭乘著纜車前往酒吧的平台，免於爬樓梯之苦。吧台區每一層的觀景座位都能以不同角度的視野欣賞著金巴蘭最動人的落日美景。坐在最接近海洋的地方，伴隨著撼動人心的浪濤拍打聲、與朋友們狂歡美好時光並一同享受眼前的風光明媚，這絕對是最無價的體驗。

　　當然，美景勢必要搭配酒精才更能讓人融入氣氛。點了酒單推薦的「Rock My World」，是用了當地種植的生薑、木瓜、辣椒、百香果跟飯店自產的鳳梨所調製而成，但味道不僅充斥著不自然的南洋風情香味，喝起來還像極了廁所芳香劑，實在一點也不 Rock 啊！虧它還好意思擺在酒單熱門排行的第一名聖品！隨著炎熱的太陽逐漸沒入遙遠的地平線，夜晚的 Rock Bar 搖身一變，成了有現場DJ 播放音樂搭配海浪聲的時尚夜店，呈現與白天不同的風味。這種只在電影情節才會出現的邂逅，在我眼前真實上演。不去思考往後生活的好壞，就讓音樂將精神充飽電，歡樂不停歇地活在當下。

　　自從有了首次的回憶，日後如果再度飛到峇里島的航班，總會試著詢問同事們是否願意一起行動。不論是一同深入當地居民的生活去尋找美食、或是按倒天荒地老沒日沒夜的按摩行程、又或者是再次探索其他度假村的特色酒吧或者海景度假村，與別人一起共享的時光，的確是比自己獨行來得快樂而不寂寞。

　　峇里島，對我而言也算是錯誤了起點，最終完美了終點。

Vietna
越南

我們又何必總讓
壞天氣去隨意影響
我們的好心情呢？

幸運的生日禮物・會安

　　高中時穿著制服騎腳踏車上下課的我，最不懂為何外地遊客只要來到花蓮，女生就會穿上整身的碎花連身洋裝，男生則會套上 NBA 明星的球衣，一副打扮成要去墾丁度假的南洋風格？後來我才發現，原來從不同造型的穿著打扮，就會開始一趟心目中設想的新旅行。

　　來到有「東方夏威夷」美譽的越南峴港，來一件富有 Hawaii style 的襯衫，也是很正常的事情吧？

　　從京都和服與首爾韓服體驗開始，我嘗試在不同國家穿著符合當地印象的搭配，甚至迷戀起換上整身的傳統服飾，想要膚淺地藉此更靠近、融入當地的風景。

　　奧黛是越南的國服，奧黛的「奧」是表示上衣，「黛」則是長版的意思。就像長度到膝下，彷彿連

身洋裝般的上衣，再配上件長褲就是奧黛的基本穿法，貼身的剪裁與飄逸的造型，更成為越南航空的制服形象。儘管服飾店老闆娘說現在的男生除了特定場合之外，日常生活已經很少穿這樣上街，只剩下觀光客為了嚐鮮才會這樣上街，但早已變裝癖上癮的我本來就是觀光客，一切都是合情合理的行為。

　　正當我們一行人著裝完畢，迫不及待想要細細品味這座城市與奧黛一般若隱若現的迷人韻味，突然之間遠方風雲變色，宛若颱風天的狂風暴雨，讓我們愜意悠遊的美夢頓時破碎，更別提原先最期待的遊河放水燈的活動，簡直是體驗了一場驚險又狼狽的急速漂流之旅。完全沒心思享受眼前的一切，只想快點找個室內空間躲雨。

　　如果沒有下雨，我的會安古鎮應該就會和大家說得一樣迷人吧？

　　旅行中遇到下雨天，實在是麻煩又掃興，眼前的景色也都因為下雨的緣故，懶得好好紀錄。

　　最後冒雨徒步走了遙遠的距離，走到全身都濕了徹底，終於來到廚神波登推薦的全越南最好吃的越南三明治店，結果一到路口卻發現店門口掛上吊牌，上頭寫著今天因為私人原因所以暫停營業，Google map 明明還顯示著營業中啊！難得精心打扮不僅遇到暴雨，就連想吃的店家也都沒營業，只能憎恨自己真是衰神附身啊！

　　這時候，兩位比我們還更狼狽

的外國女士出現，看到這個景象竟然彼此相視而笑，雙手一攤仰望天空而說：「老天啊！你是認真在開我玩笑嗎？」

　　「今天是我五十歲生日，雖然這間三明治昨天已經吃過了，但因為很便宜又太好吃了，今天生日就是要吃自己想吃的東西，結果想不到……今天我真的好幸運啊！哈哈哈」最後同行友人陸續出現，更是彼此笑成一團，最後還請我替他們與沒有營業的招牌合照，在歡笑中離開。

　　我突然想起，以前曾看過朋友寫過自己為何喜歡下雨天的原因。他說：「大家都討厭下雨天，如果我再討厭，就沒有人喜歡下雨了。」

　　同樣的一件事情，往往只要換個角度思考，似乎就會有全然不同的結果。那我們又何必總讓壞天氣，去隨意影響我們的好心情呢？

　　倘若生活中一些微小的掃興就能換來日後無比的歡樂與幸福的話，我非常樂意勇於承擔一切，只為了讓自己更好一點、讓生活再如意一點。

Kuala

我是喜歡
老事物的.

吉隆坡

Lumpur

老靈魂得永生・檳城

　　心中的老靈魂默默告訴我，我是喜歡
老事物的。

　　生鏽的花式鐵窗、崎嶇的石板路與斑
駁的閩式紅磚瓦房、熙熙攘攘的人群與走
走停停的三輪車，中英文參雜的招牌任性
地高架於半空，行人們踩著彼此的倒影穿
梭在建築的騎樓門廊中，這些是西方人眼
裡華人社會生活的模樣，似乎也已成為檳
城不可缺少的印象。

　　有人說，檳城沒有太多令人驚豔的美
景，有的是讓人平靜的色彩與生活的氣息。

　　檳城不僅在二〇〇八年被聯合國教科
文組織列為世界文化遺產，更在各大知名
旅遊平台獲選為世界十大最佳旅遊城市等

殊榮。這裡保存了最原汁原味的南洋風貌。斑駁的牆面記錄著歲月流動過的痕跡，慢節奏的生活步調，讓人有時間輕鬆地漫步在舊城中，替城市多妝點些許濃淡合宜的色彩，讓人更加回味。因此對於檳城我始終存在著一股嚮往，好像有種非去不可的使命等著探索。沒有任何刻板印象，所以什麼事物都是新鮮又有趣的。

　　每個城市都有屬於自己的文化記憶，既然沒有任何目標，索性向飯店櫃檯要了一張喬治鎮的地圖，決定專心沈迷於那些迂迴曲折的線條，來一場舊城壁畫之旅！

　　檳城的壁畫起因於藝術家 Ernest Zacharevic（歐內斯特‧札哈雷維奇），根據檳城實際的景物在不同的壁巷共繪畫了六幅壁畫，引起世界各大媒體的強烈關注，吸引更多的藝術家在這座城市留下規模不一的獨特畫作、因而引領檳城的壁畫風潮。

　　每一幅壁畫都描述著舊城區人們生活的場景，以及與街道之間不可分割的情感。隨著地圖的指標，我們在巷弄內兜轉著，就像拜訪老友般熟門熟路地約會一幅又一幅的畫作。這一幅幅壁畫為喬治鎮的老舊街頭注入一股新生命，那些或精緻，或抽象，或充滿童趣的壁畫，零散地分布在喬治鎮的各個角落，即使不用刻意尋找，也能不經意偶遇，實在沒必要像闖關遊戲特意規劃路線，一一擊破。因為不知道在哪一個轉角，就能巧遇這場驚喜的藝術演出。

　　而所有壁畫當中《姐弟共騎》是檳城最著名的一幅壁畫，是全球十五幅最佳壁畫當中亞洲唯一入選的作品。天真爛漫的姊弟騎著腳踏車快樂奔馳的模樣，弟弟從背後緊緊環抱著姊姊，張開大嘴眼睛緊閉的模樣，彷彿享受著單車奔馳的速度快感，這樣的快樂情緒從壁畫真情流露出來，讓人感覺快樂或許本就是如此簡單。壁畫，早已融入這裡的建築、這裡的生活，並透露著簡單的幸福。

　　另外一件與壁畫同等重要的永恆主題，就是檳城的美食。檳城的味道，同時也正是南洋美食的風味。

　　當夜幕降臨，舊城頓時變得暗淡落寞，但別擔心失去城市的光亮後一切會亂了方寸，街頭小吃攤的飄香會為我們指引人生方向。在旅行的過程，我並非是位專業的美食家或道地的吃貨代表。吃不吃得到美食對我來說並非重要之事。但在檳城旅行的這幾天，味蕾倒是充分地得到滿足，不是嘴裡正忙著享受美食，就是正忙著在尋找美食的路上。我捨棄參訪檳城各大博物館與歷史老房建築，因為穿梭街巷去尋找美食才是在檳城的正經事！舌尖上的神經清楚地刻畫出道地的南洋風味。

　　無論是汕頭街必吃的「四大天王」新月宮茶室的炒粿條、汕頭街
四果湯、天皇雞爪和鴨粥粿汁，或是清涼消暑的潮州煎蕊，有舊香港
酒樓的懷舊復古調的大東酒樓點心舖，或是大排檔夜市攤販聚集的紅
園廣場，屬於檳城的美食，實在無法一言以蔽之。街頭小吃內蘊含的
風味，不正也是當地居民生活的真正氣息？

　　而我，始終是位戀舊、懷舊、喜舊之人。

　　喜歡用照片與文字紀錄著生活片刻的某個瞬間。因為這些畫面，
會讓我在回憶時感受到生活的美好。舊城的溫暖，在老舊的時光中勾
勒出迷人的剪影，我們時常在生活中走得過快，導致容易與一些美
麗擦肩而過。時間，對於當地居民甚至以一種近乎停滯的速度緩慢流
動，似乎早已逝去或是被遺忘的時光，仍在此悠哉地前進。

　　往日時光，宛若眼前一張張的老照片，即便泛黃，卻也清楚地記
載著曾經鮮明的過往。將回憶寫成日記，時光會典藏世間所有美好的
故事，靜待歲月走過、時光洗滌，讓回憶擱淺在時間的長河。檳城的
舊時光，因為獨特，所以精緻。脫落又翹起的牆屑也無法遮掩這城市
往昔的光彩，正因為這些而更加真實地記錄著這城市的歷史。這些隨
意的街頭藝術與南洋美食，都是生活的本質，純真而樸實，總帶著記
憶的溫度，帶著獨自成長的痕跡。

　　心中的老靈魂默默告訴我，我是喜歡老事物的。

　　雖然每個人都想要抓住青春的尾巴，渴望長大卻又同時害怕變
老，但是老舊建築卻對我有極致命的吸引力，彷彿歲月的痕跡不夠
老，歷史的味道就不夠。因此，是的，老靈魂永遠與我同生，也正如
同我深愛的檳城。

你若不親自出去瞧瞧，
怎麼讓你相信世上有個地方，
以一種魂牽夢縈的恣態存在。

柬埔寨
Cambod

俠盜獵車手‧吳哥窟

　　一個人旅行，對我來說從不是一件困難的事情。

　　在熱絡的場合中難免會凸顯獨自一人的孤單寂寞，但比起跟團出遊或是聲勢浩大的團體行動，一個人出走，反而更讓我得心應手。我很適應在陌生的環境中享受好奇心大爆發的時刻，也習慣挑選並播放著屬於每座城市的主題歌曲，隨著音樂的腳步一探其神秘的樣貌。

　　但隨著旅行次數的增加，固執的計畫狂也逐漸蛻變。旅行的開端，從詳細安排規劃行程轉變成毫無頭緒帶著一本旅遊書就登機出發。缺少熟悉臉孔相伴的不安全感，反而成為使乏味生活再次激起熱情的

催化劑，在氧化還原的過程中扮演未知旅途的不安定因子，也添增不少樂趣與荒誕事蹟。

　　由於一成不變與例行公事的工作和生活讓我逐漸厭煩，我知道自己需要重拾對旅行與世界的期待。剛好工作之餘空出一段假期，但直到出發前一晚才決定目的地，隨即訂妥當地的落腳處與機票，便帶著漫無目標的心情，獨自前往柬埔寨吳哥窟。

　　飛往金邊的航班上，與我並肩而坐的是一對大學情侶。在機上餐飲服務結束之後，看著他們拿出規劃縝密的資料，上頭用著各色的原子筆區分出景點、美食、購物、住宿與交通門票等資訊，認真地討論接下來幾天的行程，並與我分享各寺廟的不同之處以及參觀重點，頓

時對於自己的無知感到萬分慚愧。

除了填寫入境表格之外，機上也同時發了落地簽證的申請書。

「咦？你沒有準備剛好的簽證費用嗎？」女同學滿臉驚訝地提問。

「沒有欸，我原本打算在桃園機場的銀行換些小鈔，結果他們沒有換鈔服務，怎麼了嗎？」

「因為我們在網路上看到許多人建議，最好準備剛好的金額，不然很容易被勒索或是拐騙。」

「是哦？其實我等等付落地簽的時候打算先把錢找開，想說至少是官方的地方，應該也比較安全吧？」

飛機落地後，如同其他旅客一樣急忙想離開客艙，在客艙門開啟便快速朝著辦理簽證處飛奔，不想因為申辦簽證而耽誤時間。看了一眼發證櫃檯背後貼上一張 A4 大小的白紙，上面用最陽春的微軟內建字體寫著「觀光簽證（tourist visa）USD30；商務簽證（ordinary visa）USD35」，我便將所有證件資料、照片以及一百元美金一併全交給櫃台承辦人員，接著排隊等待叫號。

當我拿回辦好簽證的護照時，卻發現櫃檯人員只找我六十五元美金，我客氣地向承辦人員詢問申請觀光簽證的費用是三十元美金，是否找錯零錢了呢？他卻用種惱羞成怒的口吻說：「就是這樣沒有錯！」並將護照用力丟還給我。被這麼一丟我就瞬間被惹怒，我轉而向一旁穿著像是督導或長官的人求救，再次與他說明狀況，他們則用當地語言嘀咕了一番，從他們的表情轉變大概猜出對話的內容是：「是誰的手法這麼拙劣還被發現？快還給這個傻小子錢！他一臉看起來就是窮酸樣！不要連五塊都要坑他！」隨後就再補給我少找的零錢。

我拿著還熱騰騰的簽證與護照，移動至查驗櫃檯，移民官一邊翻閱我的護照，一邊對著我說：「小費，小費。」我滿臉狐疑又感到不可置信，這是我人生中第一次公然被索賄，而對象竟還是穿著制服的移民官員。聽著他不斷唸著：「一塊、一塊、擠摳、擠摳（台語）、One dollar。」假裝聽不懂並露出困惑的神情，微微搖著頭向他說：「N～～O～～」，後來移民官看我似乎沒啥搞頭，就速速打發我離開。

　　如同經歷了一場正義終究會戰勝邪惡，正直的人最終必會獲得勝利的完美結局。但後來我將這件事情分享給其他朋友，他們都驚訝我竟膽敢與移民官正面衝突，因為他們可以隨便使用各種理由拒絕我入境，再壞一點甚至可能抹黑或栽贓，到時候就不是一塊美金就能解決的事情。只能說我運氣好？

　　經歷方才荒唐的情節，終於順利背著行囊走出機場航廈，眼前ㄇ字型的廣場被招攬生意的出租車司機霸佔，我彷彿以一位九五至尊的姿態登場，眾嬪妃蜂擁而前希望能獲得我的寵幸。我揮了揮手表示需要先去辦妥當地網卡才要離開，隨即又淪落成被打入冷宮的庶人，人潮一轟而散。最後我找了一位 Tuk-Tuk 車（嘟嘟車）司機，帶領我前往市區的住宿地點。

　　柬埔寨嚴酷的氣溫與還在開發中的街道吹起滾滾沙塵，讓我眼睛幾乎睜不開、但肌膚

毛孔卻不停噴汗，我著實後悔當初為了節省幾塊錢而沒選擇有冷氣的計程車，一路上數次顛頗，震得我險些撞到車頂，默默埋怨自己為何要如此刻苦克難。即便如此，心中仍然期待著這趟即將展開的新旅程，驚嘆昨天還在便利的台北與朋友們共進午餐，此時此刻卻瞬移到千里之外的國度，一邊測試剛剛辦妥的網路，正在與家人朋友們報平安，一邊才開始研究起接下來幾天的行程。

當 Tuk-Tuk 車緩緩地駛入市區，周圍的景象從荒涼逐漸變得稍微熱鬧一些。

自從發生過「美國迪士尼事件」之後，每當我獨自旅行時都會揹上兩種背包，一只塞滿盥洗衣物與少許零食，一只隨身攜帶重要物品，無論是證照、現金、攝影配備、常備藥，就連住宿與航班資訊都會列印出來隨身攜帶，以防再發生悲劇時還不至於亂了方寸，至少自己能夠找到解決的辦法。

當我正凝視著手機 Google Map 的衛星定位，知道自己一步一步朝著下榻的旅館的方向前進時，驟然間，放置在座位旁的隨身背包好像被馬路上什麼東西給勾到，迅速地飛出開放式的車廂，我反射性動作伸出右手胡亂去撈，恰好右手食指紮實地緊緊勾住背包上的提帶以避免它掉落。但是，我撞見的是一位騎著越野摩托車的黝黑男子，面戴口罩、眼神堅定強烈地怒瞪著我，正兇狠地拉扯我隨身背包的肩帶！

一切發生得太過於突然，過度受到驚嚇的我叫不出任何求救訊號，但也沒有要鬆開右手食指的意思。畢竟別開玩笑，裡頭可是存放我所有的家當，說什麼也不能輕易放手！

男子試圖更用力地強拉幾回，彼此拉扯力量之大讓司機察覺異常

便放慢車速，男子眼瞧著無法順利得逞，隨即又急速騎車呼嘯遠去，僅留下一臉錯愕的我。

「發生什麼事嗎？」司機減慢車速、轉過頭來關心我。

「剛才……有個男人騎車靠近要來搶我的背包。」我一臉受驚嚇卻又淡定地回答。司機聽聞之後也愣住，叫我注意一點之後，便加速飛車載我前往下塌的旅店。短短發生不到十秒鐘的事情，卻讓我至今回想起仍感到驚魂未定。

一位貪財的索賄官員與一位俠盜獵車手的登場，如此戲劇化的開端讓人腎上腺素急速飆高。這城市，用一場灑狗血的戲碼迎接我，但如果我當時沒有幸運勾住自己的背包，之後發生的一切故事，勢必又是全然不同的劇情。

一個人旅行，不僅要對自己的安全負責，更要讓關心你的人感到安心。平安歸來，永遠都是旅行最重要的環節，只有這樣，日後才能用這樣嘲弄的口吻，去笑談發生過的一切荒唐。

經過第一天的震撼教育，之後的路途反倒順遂不少。這趟旅行見證了吳哥窟經歷輝煌與滄桑的歲月之美。你若不親自出去瞧瞧，怎麼讓你相信世界上有個地方，以一種讓人魂牽夢縈的姿態神奇的存在？佛寺石牆上的青苔佈滿著歲月流逝的痕跡，眼前所見皆是時光留下的璀璨。倘若能再重來一次，不知一切是否都還能完好如初。只好在這片斷垣殘壁中，繼續尋覓著亙古流傳的故事。

所謂旅行的改變，時常無法用文字描述，也無法實際量化成數據資料。

但是返回後，你就是知道，眼裡的世界，有什麼地方不一樣了。

起飛與降落之間・跨時差的愛

「姐，你等等下班有什麼計畫嗎？」

「喔，我男友在這裡。」

「那他會帶妳去什麼地方嗎？」

「我這次是來分手的。」

「欸？」

「最近我有點故意冷處理我們的關係，他也沒什麼反應。我想……他應該也覺得差不多了吧？」

「不過，不得不稱讚妳真是很有心欸！有些人可能是一通電話、甚至一封簡訊就提分手。而妳，卻選擇辛苦飛過了大半個地球，只為了想當面說清楚。那你現在狀態還好嗎？」

「我現在挺平靜的。說真的，我覺得我不會掉下一滴眼淚。」

小時候，總覺得「時差」是一件非常羅曼蒂克的事情。相隔兩地的戀人即使生活在沒有對方身影的城市裡，卻仍努力維繫彼此間的情感，無時無刻換算著彼此之間的差距，只為了第一時間用他的晚安向她道早安。

直到自己開始真正生活在時差裡，才驚覺小時候的美夢竟是場可怕夢魘。一開始或許會覺得新鮮，初次來到異地總會有讓人腎上腺素飆升的興奮感，即使身體疲勞不已也還不想躺下休息，迅速梳洗著裝便旋風式地展開新世界的探索之旅。直到當激情褪去它繽紛色彩的糖

衣，長期作息不正常、日積月累地睡眠不足的結果，糖果裡頭包的夾心就是健康檢查表一堆數據異常的紅字。

更別說是談一場跨時區的遠距離戀愛了！其難易程度大概就如同大學指考你已經花了十五分鐘去計算的一題看似簡單的數學填空題，卻仍是算不出正確解答，甚至還要更困難一百倍。我由衷地佩服、也敬畏身邊這群「舊金山媳婦」、「洛杉磯之友」、「溫哥華女友」等擁有諸如此類頭銜的同事，多少人從這樣艱困的關係中「畢業」，迎來皆大歡喜的美好結局？

我突然想到剛當上空服員時，以前一些不那麼熟悉的朋友總會打鬧著要我介紹空姐女友給他們，只因為這社會既有的刻板印象或職業光環，讓他們覺得如果能有一位空姐女友，聽起來是很厲害、很威的事情，但卻都未曾看見她們貌美的外在底下，其實都深藏著一顆剛硬堅強的心。就像這位同事一樣，如果不是工作完了閒聊想打發時間，從她勤奮積極的工作表現與親切溫暖的笑容，完全看不出內心藏著這樣的大事等待她下班處理。

隔天晚上，在飯店大廳準備集合上班，我默默地走向那位同事，想關心是否一切都好。

「結果……昨天晚上他帶著一束花來見我。因為他說，他感覺這有可能是我們最後一次見面，他要謝謝我這些日子的陪伴。」

「然後呢？」

「然後？然後我就崩潰大哭啊！憑什麼是他先說出口啊！可惡！」

看著同事似乎哭了一整夜的雙眸略微腫脹，嘴角卻仍帶著微笑。

我猜，無論她是否真的從這段關係畢業了，比起過去的自己，她似乎都能更坦蕩、更快樂的面對自己，然後帶著真正的笑容，繼續翱翔。

要相信生命中
一切都有最美好的安排.

美國
Americ

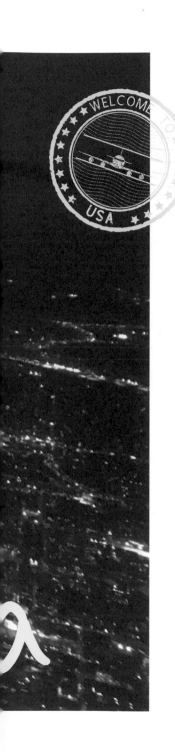

時差洛城・洛杉磯

　　洛杉磯，洛城，我曾經最嚮往也最抗拒、最熟悉卻也最陌生的城市。

　　回憶起初次見面，是旅行魂正值情竇初開之時。渴望前往遠方，去學習、去旅行、去生活，且最好越遠越好。利用美國打工的機會，兩個多月的時間讓我遊歷大部分經典景點，但當褪去旅行後的激情，最終也得學習像當地居民生活。

　　在窮學生的年紀，為了節省單趟不到兩塊美金的公車票，非到必要時刻絕對徒步前往任何地方。還記得有次，一行三人走了超遠的距離，來到一家標榜最便宜的超市準備採買物資，但由於路途實在遙遠，原先打算直接將購物推車推回住屋

處，之後有空再推回去還就好，因此就結帳了一整台推車的生活用品及兩大箱礦泉水。殊不知購物推車一旦離開賣場的停車場，前輪便直接鎖住無法再推行，還會不斷發出警報聲響，嚇得我們頓時尷尬不已，只好喬裝自己是不懂標誌、找不到停車的位子誤觸警報鈴，才打消了這個壞念頭，三人分工合作提著超重的礦泉水與糧食，狼狽地搭乘公車回家。

屬於大學時期的洛城印象，都是星光璀璨的好萊塢與這類荒唐古怪的生活軼事。

直到成為空服員，開始了組員生活，一開始每回外出也都是燃燒生命、奮力地去領略各地的美好，不用休息也能永遠精力充沛！但現在只要稍微熬夜，隔天便像是宿醉般累癱在床上、動彈不得，令我深刻體會到……

原來，任何離開床的地方都叫遠方。

因此，後期的洛杉磯，大多都與「時差」脫不了干係。

即使洛城依舊是個精力充沛的城市，但身體裡失眠的洛城卻總是哈欠連連，那個曾經嚮往不已的世界，看似近在咫尺，卻也遙遙得可以。最終只好蜷縮著身軀臥倒在床舖，不論窗外是晴是雨、是黑夜或白晝，只要拉起窗簾一切便與我無關。開始活在自己的時差中，就像是住進了自我精神的時光屋，活像個孤獨患者，自我拉扯。

是時差在作祟嗎？身體用最本能的方式告誡自己該休息了。不過因為清楚生命的不可逆性，不希望在時光流逝之後，才後悔沒能好好把握當初。害怕待在房內是虛度人生的行為、擔心無情的時間不等人，後悔沒能多堅持一點、再努力一些。為了趕著自己追求的目標、

趕著滿足他人的期待，內心其實滿是著急。於是開始羨慕著他人依舊對於旅行充滿動力、對世界仍然懷抱最初的熱情，而自己卻連踏出房門的意願都蕩然無存。

Don't envy or mock them, they are in their "TimeZone." You are in yours!

Hold on, be strong, and stay true to yourself. All things shall work together for your good.

You're not late…You are not early…you're very much On TIME!

（不必羨慕他人、也不用嘲笑他人，因為他們都活在自己的時區內，而你也活在你的！

堅持並堅強下去、並忠於真實的自我，然後相信這一切都是最美好的安排。

你並未落後，也從未領先，在自己的時區裡，一切都是準時而已！）

直到某次朋友與我分享了一則美國著名的網路散文《每個人都有自己的時區》，作者用了淺白的幾句話，便表達了每個人都活在自己的時區內，不快、不慢、一切只是剛剛好。並要相信生命中一切都有最美好的安排。堅持並忠於自我，因為在自己的時區裡，沒人落後、也沒誰領先，一切都會準時。

才驚覺看似躊躇不前的自己，其實也都默默地在向前邁進。儘管度過了這些哈欠連連的日子，仍不忘奮力大笑，因為這才是最真實生活日常啊！提醒自己無論將來身處艱辛的環境，又或者即將面臨艱難的挑戰，都能夠保有闊步向前的勇氣，以及對待世界那份純真且善良的好奇心。永遠記得是什麼讓自己感到幸福和滿足，莫將笑容輕易交

給別人支配與管理。如果總是不經意讓別人定義自己的生活，那我又該如何替自己的旅行下註解。

旅行，是唯一讓我耗盡一切卻仍變得更富有的事情。

it's about where you're from & where you're going. Always keep in mind.（人生的目標永遠只需要記得自己從哪兒來、又即將往哪兒去）

Crew Life，或許就是在描述一種靈魂不停被掏空殆盡，心靈卻又不斷被填滿的生活。

以後，或許會想起曾有段時間，是如此瘋狂又密集來到洛杉磯，十分無奈卻又覺得懷念。

慢慢喜歡你・夏威夷

如果你很喜歡一個地方，那邊一定曾發生過你很喜歡的故事。

這座島上存在一種神奇的氣氛。起初我還不明白，只覺得是否因為這裡處處充滿陽光、沙灘以及大量酒精，所以總讓人心情輕鬆自在、特別愉悅。直到幾次後我才了解——原來不管多久以後，每當我想起這片無垠無涯的蔚藍，腦海中浮現的場景，都是曾經一同嘻笑玩鬧的笑靨。

有時候，從來不是那個地方多有趣、多令人懷念，而是有幸能與一群志同道合的好友出遊，就算只是一個全然沒有記憶點、沒任何特色的街道巷口，也都可以無止盡地嬉鬧！這是一個人旅行無法遇見的風景。大家總說有些地方會在離開後才開始特別想念。不過，我則認為有些地方不用。例如這個可以熱血充實、也可以漫無目的、任性虛度光陰的夏威夷。

工作時，偶爾會遇到資深同事分享他們剛加入公司時的故事。當時有能力出國旅遊的客人不多，正處於臺灣航空產業才正要開始啟航的階段，因此時常出現一飛出去就是大半個月以上、然後連續接飛好幾個國家的夢幻航班。也因為當時手機和網路都尚未普及，大部分的同事每到一個新國家都會相約一起聚餐及出遊，經過長時間的朝夕相處，一個航班回臺灣就成功配對、湊合幾對佳偶。但也正因為幾乎都不在臺灣的緣故，也會有那種回家卻發現老公早已跟人跑了的情況，

因此他們都笑稱那是「妻離子散」的航班。

那天，在工作閒暇之餘與同事們聊起了最愛的航班，歐美澳等航線各有自己的擁護者，但當說起夏威夷，所有人幾乎都一致認同這是屬於我們這個時代的夢幻航班。

我愛海、也深愛著山。但總是分不清楚究竟喜歡哪個多一點，心中默默盤算最好能有山又有海。不論山或海都是我熱愛的一切，因為從小成長的故鄉就是這個模樣，而這座位於太平洋上的熱情島國，更是如此。

儘管每次實際停留的時間都不長，但也一點一滴地拼湊出屬於我的夏威夷時光。

無論是從威基基海灘登上鑽石山、自駕驅車前往北岸吃道地的蝦飯、搭公車至浮淺聖地恐龍灣、或是飛往夏威夷大島來場火山之旅。

跨越了山與海的自然體驗，也穿越了人山人海。將鬱鬱蔥蔥的山谷與
遠方深藍色的海水一併收入相機的視角，定格在記憶中的瞬間。在這
裡的每一天，都因接受山海的洗禮，身體與精神都鮮活了起來，呈現
生氣勃勃的模樣。

　　闔上雙眼依舊能清晰看見，站在鑽石山上眺望的大海是如此壯闊
無邊際，當我佇立在懸崖邊的礁石上，眼前的大平洋看不到盡頭，也
不知道彼岸是何方，正如同面對世界的未知，一切彷彿觸手可及，又
根本搆不著邊際，我愛極了這種親身融入大自然的感受。在黃昏前返
回到熱鬧的威基基，在匯入城市的巨大車流中我才突然驚覺，在這靜
謐無比的風光之外，夏威夷也算是世界上繁忙的大城市之一，高聳的
建築大樓沿著蜿蜒的海岸興起，原來繁華與悠閒的巧妙結合儼然成為
日常。

　　我是一次一次地慢慢喜歡上這裡，想用我的方式去喜歡、去熱愛眼前的一切，多麼希望時光能像激起的浪花，永遠靜止在這一刻的美好。因為生活是自己的，不是活在別人嘴裡的。我也常在每個陌生的城市角落想起那些熟悉的臉孔，他們總是「蹦」的一聲突然闖進腦海，我才發現我喜歡的或許不單只是這座城市，而是那些有他們一起共享的風景。

　　如果你很喜歡一個地方，那邊一定曾發生過你很喜歡的故事。

　　絕非文字與圖片可以簡單說明，但我永遠銘記在心。

　　在此，想再分享一則我鍾愛的夏威夷故事

　　「*Eddie would go, when no one else would or could. Only Eddie dare.*（當沒有其他人會去或者能夠去救人的時候，艾迪會去！只有他敢。）」

　　這是夏威夷衝浪人都知道的行話，用來紀念夏威夷島上曾勇於踏上高達九公尺的巨浪，一生救了將近五百條性命的傳奇衝浪手以及歐胡島北岸著名巨浪點的首位救生員 Eddie Aikau。

　　當遇到巨浪來襲，有人準備打退堂鼓時，Eddie would go；當有人受困猛浪等待救援，沒有人敢去營救，Eddie would go。自從一九八〇年代起，夏威夷到處開始印有這句標語的 T 恤與貼紙，提醒大家做事要有衝勁、勇敢面對挑戰，無所畏懼。

　　這實在吻合我目前的心境，為了達成想要的心願，我是否也準備好不顧一切地奮力一博？當巨浪來臨，是否也願意無所畏懼、乘風破浪地勇往直前？

如果我有任意門 · 西雅圖

　　我的工作像是扇任意門，打開艙門後便是另一個全新世界。有時候，我會忍不住反問自己：「旅行，難道真的是越多越好嗎？」

　　那次挑戰美加一日生活圈的快閃行動，只為了朝聖星巴克在西雅圖的創始店、世界上最噁心景點之一的口香糖牆以及波音工廠，其餘全不放在眼裡、都是次要的選擇。完全點到點之間迅速移動，絲毫不浪費寶貴的時間，是非常符合組員的普遍出遊模式。

　　即便匆忙，仍然在首家星巴克空出品嚐一杯熱咖啡的時間，在店門口拍了張矯情的假喝咖啡照片，然後便加快腳步略過派克市場著名的魚販丟魚秀，拐了個彎、走向下方的口香糖牆。但讓我心中感到十分納悶的是周遭竟沒有任何販賣口香糖的攤販。想親身參與這噁心的盛事，但手中卻有沒有口香糖的人該如何是好？此時若有人跳出來兜售口香糖，一包一百元新臺幣我也許都願意掏錢買單，外國人怎會如此沒生意頭腦？倘若是在臺灣，除了打香腸的摩托車、套一堆小廢物的套圈圈遊戲之外，一定還有許多販售不同顏色與口味的口香糖攤販。

　　正當懊惱之餘，正好有一位外

國人請我幫忙她拍照，以牆為背景、再吹出一個巨大的口香糖、搭配一副超屁孩的跩樣。我不放棄的詢問她是在哪買的口香糖，她於是從口袋掏出一小盒口香糖說自己根本吃不完、咬得嘴巴酸得很。

因此，我就獲得一顆泡泡糖當作酬勞，讓我有幸在這面口香糖牆上，留下一口到此一遊的 DNA。隨後便驅車趕往波音工廠，抵達後發現沒有足夠的時間參加完整的工廠導覽，小小航空迷索性在紀念品店把錢通通燒光，簡單吃過晚飯之後就趕回溫哥華，一整天除了歡笑嬉鬧的時光，其餘都在焦慮地趕車中度過。

正當要從西雅圖搭乘夜班公車返回溫哥華時，海關詢問著我們何時到來，又何時離開。幸好，我有事先上網搜尋資料，得知當地海關很愛問問題，為防止被刁難我詳細答覆：「我昨天晚上到溫哥華，今天早上來到西雅圖，今天晚上回溫哥華，明天晚上就離開了。」

海關一臉瞧不起人、嘲笑我聽不懂英文，不了解他正在問什麼問題的樣子，右手食指用力戳著我的護照封面直說：「我是說，你昨天才到溫哥華，什麼時候要回到臺灣！！！」

我頓時被他兇狠的口氣給震儡愣了一下，再確認沒有聽錯問題才緊張地緩緩說出：「因為我們是客艙組員，明天晚上就要工作飛回臺灣了。」

　　海關一副「你怎麼不早說」的模樣道出：「Ok, It totally makes sense. Next.（好吧，這樣就完全合理了！下一位。）」用力蓋章表示通過。

　　僅管在外人眼中組員似乎就是成天出國旅遊玩樂，卻仍愛抱怨工作的一群不懂感恩之人。但所有羨煞他人的精彩背後是犧牲多少睡眠與歇息的時間，去換取更多探索世界的機會。太多的酸甜苦辣若非身在其中，還真是無法體會。

　　最近，我也開始思考旅行之於我的意義與重要性，因為任何事物攝取過量反而都是一種傷害，我相信旅行也是如此。

　　如果將旅行套入起承轉合這種制式的作文框架中，大家總會著重

在萌芽意念與探索初心的「起」、冒險成長過程的「承」與克服逆境、製造回憶起伏的「轉」當中，而忽略好好替每一次的旅行做個完美的重整與交代的「合」，讓自己的旅行更加完整有價值。

我們都忘了旅行或許就如同健身鍛鍊肌肉的道理一樣，當肌肉經過強烈的拉扯後都是需要時間進行修復，而當旅行經歷各種文化衝擊的破壞，當然也需要時間去沈澱思緒，才有再次茁壯的機會與空間吧？

儘管不能明確地指出每回旅行前後，自己是否發生了什麼具體的改變與成長，但唯一能如此篤定的是我依然喜歡旅行。每當與好友們談論起旅行時，那種發自內心的激昂興奮與投入的情緒，都是千真萬確的反應。

或許，目前尚未能憑藉旅行之事餬口度日。相反的，旅行還是一件會燒光所有積蓄的事情。但我深信旅行使心靈變得更富有，因為它讓我成為一位有故事的人，能透過旅行認識自我的價值，而這正是我目前渴望追求的，也願意繼續不悔青春地堅持下去！

山海的藍・關島

　　我來自臺灣山與海共存的城市——花蓮，從小對於海洋懷抱著一種特殊的熱愛與親切感。我喜歡花蓮海的藍，雲的白，因為這些都是心中家鄉專屬的色彩。

　　不知道你們是否與我有著相同的情況，明明渴望在世界尋覓特有的獨特風景，卻又在看盡世界壯麗百態過後，不經意地在那些景色中看見家鄉熟悉的影子，彷彿內心默默地提醒自己莫忘家鄉的方向，又或者自

己的心其實從未曾離開過。

　　如果說，海洋就是讓我留戀不已的家鄉，那麼當我走過夏威夷的威基基海灘、洛杉磯的聖塔摩尼卡、澳洲布里斯本的黃金海岸，就算只是靜靜地在海岸邊聽聞海浪聲的呼喚，都能勾起我對於家鄉的思念。

　　遠在美國夢幻國度的關島，最吸引我的便是那漸層湛藍的海灣與清澈見底的清涼海水，光是站在海岸邊細數各種藍色的獨特之美，便足以讓我忘情的駐留許久。

　　位處於關島得天獨厚地理位置的杜夢灣，許多國際級知名飯店都匯集在這碧海藍天的沿海地帶。與海岸平行共存的還有一條高級時尚精品的購物大街，是購物天堂的關島極為熱鬧且便利的地區。

　　第一次在關島的時光，除了在杜夢灣嘗試著名餐廳的火烤肋排套餐、參加太平洋島嶼度假村一日充實的水上設施、風帆與獨木舟運動課程之外，晚間還欣賞了全關島最盛大且最精彩的原住民舞蹈秀。震撼的排鼓與海螺聲響起，黝黑健壯的男舞者持著火炬從觀眾席中各個角落登場，簇擁身著華麗服飾的女舞者，讓開場充滿如祭典般的莊嚴氣氛，隨著女舞者曼妙的舞姿，男舞者表演大洋洲著名的火舞，氣氛炒熱得甚是精彩。

　　次日，前往關島潛水天堂的魚眼公園，體驗人生中的第一次潛水活動。由於這裡地形特殊，是二次大戰時被炸彈炸出來的大坑洞，深度以階梯式逐漸下降，有利於魚群聚集，極淺的海域、豐富的海底生

態與清澈見底的海水，是眾人都極為推薦的潛水勝地。

　　大學時期也曾選修潛水課。但當時正值校內課業、社團活動與打工最為繁忙之時，加上那段期間經常奔波於學校與醫院兩地，勞頓疲憊的生活壓力導致我的潛水練習始終未曾落實，為了避免最後不能通過考核，只好遺憾地在學期中退出了課程。不過，這次經由教練詳細解說注意事項，細心地檢查我們都正確穿妥裝備之後，再次穿起防寒衣、背起氧氣筒即將下水的我突然萬分緊張。畢竟以前在游泳池練習時，我總是無法洩壓沉入水面，於是便開始心慌意亂、嗆到水後就立刻搶著浮上岸。

　　這回再次挑戰，從一開始只能緊緊抓牢教練身後的繩索，到最後可以獨自與魚群們在海中遨遊，除了享受著餵食魚群時被環繞的興奮感，就只剩下不斷提醒自己調整呼吸的頻率，其餘腦海不存在任何雜念。在這片寧靜的海平面之下，生活中任何的煩惱與憂愁都無法穿透於此，如同動畫《犬夜叉》中擁有法力與靈力的人士能製造一層保護自我的結界，將所有攻擊與傷害阻擋在另個世界不受侵害一般，讓我能盡情享受讓思緒放空的機會，以及珍惜這些得來不易的愜意時光。

　　上岸後，心裡想著倘若下次有機會再來，勢必要將島上尚未前往的景點一網打盡！這個小而精巧的海島城市，確實有太多值得好好體驗的事物了。

　　不過，再次探訪竟是三年之後，時光快得連自己曾許下的承諾都快要記不住。

　　三年前與三年後的差異，是不再為了集點式的蒐集景點而讓自己忙得焦頭爛額，開始懂得享受沒有任何行程所帶來的悠閒。因為最美

的風景，往往都不存在特定的地方，而是處於一種能代表自己、展現自己、又能夠愜意自在、活得像自己的生活方式。

每一次前來海邊，都像是一種呼喚，沒有任何目的。

單純躺在海岸邊暢飲沁涼啤酒、擁抱陽光，讓皮膚自然曬上兩個色差，任何隨心所欲的時光看似浪費，卻都令人甘之如飴。

隨著對於自我的要求不斷提升，難免會出現干擾內心的雜音。因為世俗的社會總愛用膚淺的指標去評斷人生的優勝劣敗。但假若凡事永遠只追求成效、急功近利，反而更容易使人迷失方向、看不清真正有益的決定。得不斷溫柔地提醒自己別被世界混淆，忘了自己是誰。

人生最重要的，不是走了多遠的路，而是無論走到哪裡，是否都仍帶著最初的自己。別忘了當初是怎麼樣的努力與堅持，才走到今日成就現在的自己。

一如往常，敬我最摯愛的那片海洋。

睜開雙眼就是海洋，心也感覺跟著寬闊起來。任何庸人自擾的擔心，永遠都不會發生。

生命就該豁達
且坦蕩迎擊.

印度 India

外面的世界·齋浦爾

　　印度知名詩人泰戈爾曾在頌歌集中寫
道：「離你最近的地方，路途最遠；最單
純的曲調，需要最艱苦的練習。旅人必須
遍叩每一扇遠方的門，才能回到他自己的
門；旅人必須遨遊所有外面的世界，最後
才能到達他內心的聖殿。」

　　由印度知名演員阿米爾罕主演的電影
《我與我的冠軍女兒》，這部既熱血又賺
人熱淚的故事，改編自印度摔跤選手瑪哈
維亞的傳奇故事。劇情描述一位因現實與
體制問題而放棄摔角夢想的父親，偶然機
緣發現女兒的摔角天賦，在印度這個男尊
女卑的社會風氣之下，如何面對各式的輿
論壓力與歧視，打破僵化的性別框架，讓

女性也能獲得命運自主的勵志故事。

　　不論是鄉村還是都市，在種姓制度下的印度，女性始終為社會的弱勢族群，即便已經進入了網路科技的時代，依舊沒有平等的地位。在父權主義思考下的國家，不少女性被當成「商品」進行買賣，女人就如同男性的財產，沒有權利與自由，這樣不對等的性別關係至今都仍難以獲得改善。

　　電影中刻畫的種種議題，讓我聯想起那些曾在印度走過的生活。「看過一回之後，即便是匆匆一瞥，也不願去和世界其他各地的風光做交換。」這曾是馬克吐溫筆下的印度。而這次，我也要去尋找屬於我的印度。

　　從踏出涼爽的新德里機場之後，便能感受它宛如三溫暖般極度悶熱的氣候，伴隨著各式特選辛香料及長久悶在襯衫內的體味撲鼻而來。街道上毫無章法的交通號誌與永不止息的喇叭鳴笛聲，每分每秒城市都是未曾停歇的喧嘩，還有亂闖馬路的行人與各式大小車輛。儘

管如此危險、沒有紅綠燈管制，一日卻也未發生多少重大交通事故，到底是什麼神奇的力量在巧妙控制這一切？眼前任何一切意想不到、無法解釋的荒謬事情，在這個神秘國度都只是不足為奇的日常，都只能默默在心底長嘆一聲：「這就是 Incredible India ！」以示同意。印度，不愧為資深旅人們的終極挑戰賽聖地。

「等我一下，這裡好像可以來點什麼！」這大概是我旅行過程中，最常掛在嘴上的話。

總是隨意走上一條道路然後突然停下腳步，意外發現了不同的視角或是從未注意過的事物，就好像名偵探柯南每次即將破解謎團、揪出犯人前的那種靈光一現，總算想通什麼般「叮」的一聲。不知道是否每位愛好攝影的人也都會這樣，會在前往一個新地點前，先在腦海中預先設想各種構圖角度以及期待看見的景色。但往往留在心底的畫面，卻是出人意料之外、最美麗的稍縱即逝。

因為所有的定律與公式，在印度通通不適用，這個地方完全不按

牌理出牌。

　　譬如此趟旅程的第一張相片。我以為它只會變成眾多影像之一，最後被我遺忘在記憶體裡，沒想到這個的畫面卻一直烙印在腦海。

　　當時坐在舒服的巴士從機場正要前往下榻的飯店。儘管靈魂早已抽離於疲憊的身軀，卻捨不得闔上雙眼休息，視線不斷緊隨巴士移動的速度去瀏覽這座城市。直到回到臺灣後，我不禁想起當時的這幅景象——在交通繁忙的馬路上販賣快樂氣球的少女，不知道今日是否也能感受到幸福。或許，擁有一顆喜愛攝影的心，反而讓我在旅途的路上，能打開所有感官知覺，去體驗、去挖掘最美的角度！這也是攝影與旅行，為何如此令我著迷的原因。

　　此次探訪齋浦爾是個極具詩意的城市，粉紅之城的頭銜更讓它添增不少濃艷的色彩。而風之宮殿，則是令我在齋浦爾舊城區內最不捨

與留戀的地方。

　　在古時候的印度，越是出生於達官顯貴家族的女子越是無法隨意在外拋頭露面。風之宮殿是一座古代富族為了讓後宮的女子能透過蜂窩型的窗戶，且不讓外人看見自己的容顏的情況之下，窺看外面熱鬧、人群熙攘的世界、偶爾透透氣的地方，經過精密的計算與設計，使得建築內的任何角落，都能感受到輕風的吹拂。雖然說是富麗堂皇的宮殿，但稱之為囚禁靈魂與身軀的碉堡或許更為合適。

　　風之宮殿，那些被囚禁的靈魂只能透過小窗窺探外面的世界，對她們而言，世界就只是一道窗、一扇門所框起來的景色，儘管處於被脅迫的狀態卻也只能默默接受。

　　為了守護與捍衛那些別人不可輕易動搖的價值觀，每個人心中都曾築起一座巨大的碉堡，不讓自己遠離始終深信的信念吧？就像是有

人認為，旅行是昂貴浪費的奢侈品，但也有人認為那是調劑生活的必需品。無論如何，是要繼續躺在客廳沙發去羨慕別人的旅行生活，或是踏出那扇框起的門窗，走出更諾大無邊的世界，我們都保有捍衛自己選擇的權利，也許我們無法輕易地改變這樣長久以來的傳統，但改變自己的心態卻不是一件難事！

　　每當想起那些誇張得宛如電影場景的印度日常，不禁慶幸現在的自己，是如此地自由且幸福，世界可並非那遙不可及的遠方。

　　有些故事與地方，非得自己親自嘗試過後才能明白，旅行的路上，永遠存在著意想不到的驚喜。每個人心中也許都存在一個印度，而它始終在那裡等著你的出發。在眾多旅行過的國家中，或許並非最喜歡的那個，但無庸置疑是迄今最印象深刻的那個。

　　這就是印度，我找不出最好的形容詞來描述的那個國度。

通往生命的輪轉・瓦拉納西

「*It is older than history, older than tradition, older than legend, and looks twice as old as all of them put together.*（瓦拉納西比歷史還老，比傳統還老，比傳說還老，甚至比這三者加總還老兩倍。）」用馬克吐溫的這句話作為瓦拉納西的開場白最適合不過。

在網路上流傳著一種說法，唯有被印度選中的人才有機會前往印度，而到過印度旅行的人，往往也都有靈魂被震撼的人生體驗。統整

　　到過印度的旅人不外乎兩種類別，一是厭惡痛恨，二是極度迷戀。如此令人反應兩極的國度。我不知道盼了多久，終於也來到這裡。

　　瓦拉那西是個異常神秘的地方，在抵達市區之後，民宿的機場接駁專車行駛在距離民宿還得再穿越三條街口的路邊，便將我們全數驅趕下車，需要我們自行徒步穿越前面的鬧區過去，因為車輛再也無法繼續在擁擠不堪的路況中前進。早在到印度前我就做好心理準備。這裡的髒與亂，已經被印度人發揮到淋漓盡致。所有的行人、摩托車、人力車、電動車、甚至神牛與任何動物，彼此不分流共享一條道路，會同時出現在狹窄街道上，此起彼落且未曾間斷過的喇叭鳴笛，無需特別感到煩躁與憤怒，因為這就是印度最日常的聲音。

　　但是它卻髒得色彩繽紛，亂得亂中有序，混沌當中似乎存在著某種神秘的定律，當所有的事物交織在一塊，更是驚覺髒亂也異常迷

人。就這樣被人群與牛隻逼迫著推往向前，儘管距離不遠，但移動速度極為緩慢，周遭一切險象環生，所幸最後平安抵達目的地。

　　沿著恆河的岸邊有著規模不等的河壇，每座河壇都有它獨特的功用。最大的河壇是達薩瓦梅朵河壇，每天晚上聚集著成千上萬的信徒與遊客，舉行規模宏大的恆河夜祭。繼續在迷宮般的街道裡穿梭，過沒幾分鐘就走到燃燒屍體的 Manikarnika Chat（馬尼卡尼卡河壇）碼頭。外頭堆積著一捆一捆的厚木頭，被熏得漆黑的建築外牆與空氣中瀰漫的烤焦氣味，都在無聲地警示我們這裡是神聖的禁忌之地，並非我們遊客能夠隨意踏足嬉鬧的。

　　突如其來的肅穆凝重讓我有些緊張，餘光瞥見的火光似乎即將要燃燒殆盡，炎熱得令人難受的氣候也同時烘烤著我的身軀。如此靜謐的死亡儀式赤裸裸地暴露在大庭廣眾之下，沒有聽聞任何哀泣，也沒有過多的悲傷，只是平靜地圍繞著親人的屍首，隨之浸潤在恆河當中，在最神聖的地方讓親人靈歸天堂。

　　在印度人的心裡，靈魂的轉世有著美麗的傳說。「當靈魂離開肉身後，會飛往月亮，然後變成細雨，再墜落回到地面上變成種子，萌芽茁壯成食物，再被動物吃掉轉變成體內的受精卵，然後再重新投胎回到世間。」對於生命的敬畏、對於死亡的脫俗，瓦拉那西用它獨特的方式來詮釋。出於尊重，一直到遠離碼頭很遠很遠之後，我才敢回頭仔細端望。在這裡，信仰的力量已經徹底融入當地生活，平靜地接納著生死的到來，體會著時間的智慧並追尋著混亂中的秩序，生命的誕生在繼續，死亡在繼續，生活也不停在繼續。

　　晚間六點，恆河夜祭在達薩瓦梅朵河壇展開序曲。

渾厚的男低音吟唱古老頌歌，悠遠綿長，好像穿越千年而來，所有的喧囂都逐漸隱去，任由神聖的儀式帶領走進頌神的世界。祭司不斷變化著手裡的法器向恆河致敬，雖然不明白這些繁瑣程序的具體意義，但在這莊嚴的環境下，伴隨著鐘聲、鼓聲、婉轉悠揚地迴盪在河面仍是感動。經歷一整天的印度式震撼，尚未等到儀式結束便決定早點回到民宿休息，必須儲備好體力迎接明早的重頭戲。

　　凌晨四點，我們再次回到河壇準備搭乘小船，透過另個視角觀賞恆河之美。不同於昨晚熱鬧與喧囂，這裡的黎明是溫柔婉約、是靜悄悄的。恆河還籠罩在一片夜色之中，我們向兜售祭品的小女孩購買了一盞祈福花燈，登上小船慢悠悠地划了出去。

　　印度人視恆河為女神的化身，虔誠地敬仰。他們相信，此生若能在恆河沐浴便能夠洗滌污穢的靈魂；死後若能將骨灰撒入恆河就能超脫生前的痛苦。河岸邊能夠看見居民在盥洗、在祈禱、在冥想，所有的生活起居都依靠著這條母親河。儘管這條河水可能細菌超標，導致我們只敢遠觀而不敢褻玩，但這裡卻更像是一個精神符號，永遠象徵著印度教徒心中賴以生存、繁衍、灌溉的聖潔庇護，撫慰著許多的靈魂。

　　隨著時序的遞嬗，時間就是恆河表面的粼粼波光，在波盪的紛亂中依然故我的前進。販賣花燈的女孩和我們說：「只要將花燈點燃，寄託著你心願的燈會隨著恆河傳遞到天上，願望就會成真。」儘管這樣的都市傳說聽起來有些孩子氣，但是我們依舊寧願相信！直到天亮再次回到原本的街道上，熙攘吵鬧的攤販、小販賣力的吆喝聲，人力三輪車的喇叭聲與悠閒漫步的牛兒鈴鐺，這個世界又重回當初最熟悉的印度。

在即將離開瓦拉那西的早晨，飢腸轆轆的我們決定尋找大名鼎鼎的 Blue Lassi，那是一家所有旅客都慕名而來品嚐的百年老店，在狹小昏暗的空間，貼滿了各地旅人的大頭照片與留言。

純手工製作需要耐心等待，Lassi 吃起來其實有點像是尚未冰鎮的濃稠優格，上頭再撒上香料與些許水果點綴。使用完食即可摔破在地面上、由紅土製作的陶碗盛裝食物，不留垃圾讓一切回歸自然。儘管味道的確不錯，但是當我好奇想要窺探它美味的製作過程，突然想起大家叫我在印度用餐時一定要遵守的「三不原則」不要看、不要問、不要想。吞下去只要沒事就好了。

正當我們彼此在分食手中不同口味的 Lassi 時，突然一根巨大的黑物重擊我，昏暗的屋內瞬間塵土飛揚，變得更加黑暗。原來是店裡的樑柱突然傾倒，屋內的所有的人頓時灰頭土臉，狼狽地急忙飛奔逃向馬路上，手裡的 Lassi 也被塵土「免費加料」。店員若無其事的將樑柱導正，並且沒什麼誠意地向我們說聲不好意思，要不再給我們一碗新的 Lassi 當陪罪？不過這樣恐怖的經驗只要一次就好。

直到離開印度回到熟悉的家鄉，偶爾回想起在印度所有看似不合常理的一切，但當地居民卻都能處之泰然地面對，並秉持著淡定的態度處理。才驚覺不論遇到什麼狀況，似乎只要還活著、仍保有呼吸，生命就該豁達且坦蕩迎擊。一切都沒有什麼了不起，人生沒有值得大驚小怪的煩惱。

起飛與降落之間·不打擾是阿北的溫柔

　　夜航一個人在後面廚房執勤，首先獨自點完所有飲料的存量，然後寫完滿滿的特別餐名單，簡單先做交接後就開始整理與分配早餐的餐車。

　　不敢將廚房的燈光開得太亮，以防止乘客會像是蟲兒有趨光性一樣通通往這邊聚集，但在昏暗的光線下做事、加上又是半夜本該睡覺休息的時間，我眼睛越來越無法聚焦。而後面廚房是所有早餐餐點的儲放地，為了保持食物的新鮮，所以該工作空間的冷氣溫度總是冷到極致。

　　就在這樣冷到頭昏目眩的情況下，我獨自一人背對著廚房、蹲著將餐盤平均分到各台餐車中忙得不可開交的時候，隱約感覺身後似乎站了一個人影⋯⋯。

　　於是緩慢地將頭轉向後方，就像電影中即將會看到可怕事物的那種慢動作鏡頭。發現後面有一個戴著亮橘色的印度頭巾、不發一語且臉色鐵青的印度阿北眼睛瞪大的盯著我，我彷彿看見鬼一樣，被嚇到很失禮地抖了非常大一下，差點連尿都要不小心抖出來！

　　印度阿北不知道站在那邊默默地看我工作多久了，直到我們有眼神接觸後，他才出聲說：「想要一杯 Hot tea，要很 Hot 的那種。」

　　我突然想起以前上服務課程時老師有提過：「比較有禮貌且高階的服務是要先與顧客有眼神的交流後，才出聲提問，而非直接用肢體或聲音去打擾。」

　　被驚嚇後的下一秒，突然好想幫印度阿北報名商務艙的受訓課程，我想他真的做到了最高端的服務了，但也著實嚇醒了我。

看見什麼也全是旅行中的一種緣份.

奧地利

Austri

想和你一起生活・哈修塔特

「我想和你一起生活，在某個小鎮，共享無盡的黃昏和綿綿不絕的鐘聲。」

還記得高中時曾讀到俄國詩人茨維塔耶娃的詩作《我想和你一起生活》，我便幻想自己就是詩句中的主角，但背景卻是一片模糊。詩作中營造出來的是讓人嚮往的單純生活日常，人生並非得要功成名就、財利雙收才算完美。

一座城、兩個人，如此閑靜又安逸也是讓人夢寐以求的幸福。只是搜尋腦海中的城市沒有一處能吻合詩作中的描述。事隔多年，我無意間再次翻到了年少時閱讀過的詩集，當時模糊的背景頓時清晰了起來，呈現在腦海中的正是奧地利的哈修塔特。

奧地利境內的阿爾卑斯山連綿起伏，藍色的

多瑙河蜿蜒流淌而至，在這片宏偉壯麗的景色中，矗立著一座古老寧靜、遺世獨立的小鎮。被《Lonely Planet（孤獨星球）》評比為：「色彩斑斕的光影家園。優雅的天鵝、崇山峻嶺旁碧波蕩漾，美得驚人的哈修塔特，距今已有四千五百多年的歷史，不僅是世界文化遺產，更是世界上最美麗的湖畔小鎮。」

　　我們決定先搭乘纜車穿過雲層直達兩千多公尺高的五指山，只因為民宿老闆推薦現在天氣轉好，或許能夠看到哈修塔特小鎮整片湖泊的全貌。但當纜車緩緩攀升抵達山頂後，眼前冰天雪地的雪景令眾人頓時傻眼。伸手不見五指的厚重濃霧將導覽手冊上的美景全數遮掩，但既然都已花門票錢上來了，當然還是要登上步道，繼續往山頂上爬。

　　「一年四季前往相同的地方，都能看見不同的樣貌，其實，看見什麼也全是旅行中的一種緣份。所以，就算霧茫茫一片，何嘗不是種

浪漫呢？」同行的友人淡定地道出，嘗試要安慰大家失落的心情。

　　就在我們都已經決定接受這無言的結局，準備起身離開前的下一秒，雲霧突然消散了。眼前彷彿是透過上帝之眼的視角，俯瞰藉由上帝之手精雕細琢而成的天空之城，薄霧冉冉消散又凝聚成群，隱約可見被環繞的景色，更是增添人間仙境的神秘感，恍惚間有種置身世外桃源的感覺，一切是像這樣夢幻又不真實的存在。沒多久的時間，雲霧再度籠罩一切回到原點，就好像方才什麼都沒發生過一樣。

　　或許，就如友人所說的，這些都是旅行中一種奇妙的緣份。

　　但，如果你想避開小鎮內擁擠的旅行團遊客，好好體會不被打擾的哈修塔特，那就在這住上一晚吧！清晨的哈修塔特才是屬於小鎮居民最原始的面貌。

　　住在臨湖的民宿，揉著惺忪的睡眼，推開窗，外面是一片宛若一

幅絕世名畫般的田園景致。遙望遠方湖面泛起的晨光青煙，山的顏色映照在湖面形成了一染墨綠，和煦的朝陽才正悄悄地探出頭，渡船輕輕地劃過水面形成寧靜的波紋，站在著名的明信片拍攝地點將小鎮的美景盡收眼底。

　　街道上沒有喧嘩吵鬧的旅客，取而代之的是晨練慢跑的居民、在自家庭院修剪花草的奶奶、大手牽著小手一起上學的兄妹又或者是手持現煮咖啡的遛狗少年，在這個時間終於擁有自己不被叨擾的自由時光，一切都恢復了哈修塔特應有的樣子，如同童話故事般的生活，而我是多希望每天都能夠在這樣的美景中甦醒。

　　也許，總有一個地方，會讓你產生想要逃離城市喧囂的念頭，而哈修塔特就是這樣的秘境。在這裡，總覺得當地居民的步伐走得很慢，時間也就變得特別慢。儘管時間有限，但我們仍從不趕路，深怕任何一點的倉促都會破壞這裡的祥和。

　　沿著湖畔，在小鎮內漫無目的地蹓躂，沒有行程儼然成為了我們最棒的行程。

　　幸福，其實也就是這些看似微不足道的事情吧？而我，又是何德何能可以幸運地擁有一切。眼前的景色是經歷十三個小時徹夜未眠所交換得來的風景，溫馴不炙熱的陽光與坐在湖畔旁享受的鄉村早餐。就算眼皮再沉、身體再倦，說什麼也要好好睜大雙眼，將一切緊緊牢

記在心裡。真正的幸福，或許正是當意識到自己是幸運的、生活是快樂且沒有期限的時候吧？

我想，生命中的一切都是冥冥之中的安排。

總有那麼一個地方，或者說是一個人，在相遇之前，你的心早已預先替他保留了空位。一旦出現了，便即刻佔據了你的身心。一座能讓人日夜期待每回落日與驕陽的城市，一位能夠伴隨自己停下急促的腳步、沉下躁動之心的那個人，在喧囂的現世卻仍共享最稀鬆平常的每次呼吸，人心是如此知足也容易感受幸福。原來，這就是我一直以來渴望的生活樣貌。

「我想和你一起生活，在某個小鎮，共享無盡的黃昏和綿綿不絕的鐘聲。」

我想，我知道那個地方是哪裡了。

一個人一輩子能做好
一件事. 便是值了.

比利時
Belgiu

一輩子只做一件事‧布魯塞爾

　　「人一輩子能做好一件事，就是功德圓滿了。」
是臺灣已故國寶級戲劇大師李國修先生最廣為人知
的座右銘。人的一生總有許多嘗試，在眾多的道路
上找尋自己不同的可能性，但想要成為特定領域的
專家，不能僅是依靠與生俱來的天賦，更重要的是
一萬小時定律的努力不懈，經過時間的歷練才可能
出類拔萃。

　　如果不是這裡擠滿前來合影留念的人潮，在布
魯賽爾廣場附近這個不起眼的轉角，很容易會忽略
他的存在。一位光身露著肚皮、微捲的頭髮、堅挺
的小鼻子、無拘無束地在眾人面前撒尿。邊緣人尿
尿小童尿了一輩子，卻能夠如此聲名遠播，吸引世
界各地旅客前來看他放水，完全印證這句名言──
「*Do less, Get more.*（你只要做好一件事情即可！愈

複雜的人生，愈需要用簡單來解題。）」

　　但是，誰說比利時的特色只有尿尿小童而已？

　　比利時是一個古老與現代並存、高度發達的歐洲國家。首都布魯塞爾有著古樸的氣息與精緻的建築。穿過彎曲而狹窄的街巷，抵達一九九八年被列入世界文化遺產的布魯塞爾大廣場，首先見到的是高聳威嚴的哥德式風格市政廳，圍繞兩側是十七世紀便流傳下來的各類商會、公爵官邸等中古世紀精雕細琢的建築，各個都是獨具風格。

　　曾被法國大文豪雨果大力讚嘆「全世界上最美麗的廣場」，儘管廣場的面積不大，卻是一個無需攀附他人而生的獨特廣場，每隔兩年才在夏季舉辦一次的國際花毯節，更讓空氣中飄散著清雅的陣陣花

香、構成了一幅中世紀的藝術畫卷。

　　儘管這次無緣見證花毯節的盛景，但同與各國旅人慵懶地坐在廣場花崗岩石磚上，抬頭欣賞周圍的精美雕刻、探索複雜的藝術與細節，栩栩如生的雕花工藝無一不讓人駐足流連、不捨離去。

　　傍晚時分的夕陽更像是替建築鍍上一層奢華的金箔，顯得越發金碧輝煌與壯觀。華燈初上的布魯塞爾，在夜色與燈光的照映之下宛若晶瑩剔透的夢幻皇宮，廣場上的遊人都為了參與這場白晝與黑夜領銜主演的光影藝術，三兩成群地聚首一塊靜享日夜月色。兩樣截然不同風情，皆同等萬般精彩。

　　次日，告別布魯塞爾的繁華與精緻，乘上火車前往布魯日。

　　布魯日有著「比利時的威尼斯」的美譽，但就如同羊角村被叫做「荷蘭的威尼斯」、蘇州被稱為「東方的威尼斯」一樣，實質上並沒有太多的關聯性。如果照著這個邏輯，只要有河有游船，高雄愛河也可以成為臺灣威尼斯？僅管布魯日沒有布魯塞爾出名，卻濃縮了對神秘小鎮印象的一切剪影。不論是市集、廣場、鐘樓、教堂、馬車或是遊船，眾多的元素拼湊而成，讓布魯日濃縮了無數值得讓人懷念的樣貌，讓記憶在心中濃烈而不化。

　　布魯日曾經因水而發展，最終也因河道淤塞而沒落，但卻因禍得福而保有它的古樸之美。這裡沒有摩登的現代建築、沒有雄偉的巴洛克風格、沒有氣派輝煌的古堡、沒有雕琢精美的教堂、沒有故作噱

頭，一切都是很隨意、與世無爭，如此陽光燦爛，將午後的驕陽折射
至城中一塊塊的裸磚上。看著這個小鎮不矯揉造作地向世人爭寵的模
樣，我突然明白了為何這裡的城牆僅管多數早已斑駁脫落、卻也都不
再加以塗漆修復，完全保留原始的樣貌。

　　畢竟，濃妝豔抹的臉，陽光還能照出清透的肌膚嗎？

　　如果巴黎沒有那些浪漫的傳說，你還會對它充滿憧憬嗎？如果佛
羅倫斯不是文藝復興的腹地，它還能是徐志摩心底的翡冷翠嗎？一個
故事一座城、一段奇遇一段情，布魯日不只是一個溫暖靜謐的城、更
是一位溫暖豁達的人。無關烈陽、無關風雨，它只活在夏日午後三點
的暖和當中。而我，只是選擇最適合它的方式親近，不期待卻意外收
穫滿載。或許，它本註定要停留在最美好的時代，存在的意義只為成
就經典，永垂不朽。

　　如果一個人一輩子能做好一件
事，便是值了。而為了成就這件事情，
到底願意付出多少的努力與堅持，才
能鶴立雞群、成為這個世代的經典？
才能跨越不同時代間的藩籬、成為代
表當代的永恆？

　　我突然想起，在張惠妹烏托邦演
唱會裡，阿妹向台下的聽眾問：「是
否每個人的心中都有屬於自己的張惠妹？是哪一首歌，讓你進入了
張惠妹的時代？」不禁讓我好奇……是什麼時候，什麼影像、什麼故
事、什麼樣的文字，讓你也進入了有艾迪摳的時代？

最美的風景
總是在路上

Switzerl

站上歐洲之巔 · 瑞士少女峰

　　在詩人的眼裡，乘著火車去旅行總是有一種「在路上」的浪漫。

　　兩條無限延伸的鐵軌，攜伴著遠方傳來的誘惑與召喚，彷彿充滿著未知的神奇魔力。天上飛的時光是如此便利快速，但總是有些地方，還是值得這樣慢慢地前往朝聖。

　　我喜愛登高，但並非是名熱愛登山的旅人，會決定前往瑞士本是場意外的發展。原先的旅行計畫是要前往北歐小美人魚的故鄉——丹麥哥本哈根，殊不知當決定前往時，正在歐洲唸書的朋友傳來訊息，斗大新聞的標題就寫著：「丹麥『小美人魚』雕像慘遭潑紅漆！」法羅群島是丹麥位於北大西洋上的海外自治領地，而動保人士為了抗議島上的捕鯨傳統而潑漆染紅

小美人魚。

　　我們可不想大老遠前往，卻只能看到小美人魚維修中的公告而無功而返，這時朋友傳來另一則新聞，上頭寫著：「讓無法親遊的人痛苦，最美瑞士小鎮『禁止拍照』！」內容大致上是說明位於瑞士貝爾金的當地旅遊發展局發言人指出，根據研究顯示當人們看到美麗風景照，卻無法親臨現場的時候，會產生失落不悅的情緒。為顧及他人感受，貝爾金一律禁止拍照留影，違規者將會被罰款處分。新政策頒布後，當地旅遊局已將觀光網站的風景照移除，並不允許任何人在當地拍照，建議自行來訪。

　　新聞的最後寫到：「法案某程度只是為了宣傳，但立法一事是千真萬確。不過不會真有人因為拍照而受罰。」但能讓他人羨慕嫉妒，且因此而感到痛苦不已的地方，有什麼理由不去呢？大家立刻拍手，通過這次提案。

　　但是，最後因為交通距離與時間安排無法配合，我們放棄了貝爾金這個城鎮，選擇瑞士阿爾卑斯山群中，最有特色、最著名的少女峰，完全展現我們一行人觀光客本質的一面。

　　位於海拔三千四百五十四公尺之高的少女峰素有「歐洲屋脊（Top of the Europe）」的美名，千變萬化的高山風情，隨著不同季節而不盡相同。山頂的火車站是全歐洲海拔最高的車站，對於能夠搭乘百年歷史的火車登上少女峰令我興奮不已。為了避免壞天氣影響此趟的唯一女主角絢麗登場，一出蘇黎世機場，我們便直奔少女峰山腳下的茵特拉肯小鎮，儲備精力等待隔天一早朝聖我們的女神。

　　搭火車，是我最喜歡的旅行方式，因為前往目的地的過程，最美

的風景總是在路上。

　　儘管車身有些搖晃但仍平穩地行駛，窗外的風景如幻燈片般不斷地抽換，一幅又一幅的景色定格在眼前，隨著一片茵茵綠綠的景色轉至鋪滿大地的冰河雪景，雪地反射的陽光有些刺眼，讓我必須戴上墨鏡才能直視前方。雄偉的山嵐與厚重的白雪彼此綿延至天際，更令人驚嘆不已的冰河景觀呈現在眼前，無限綿延，彷彿沒有盡頭，眾人不斷地歡呼與讚嘆。冷冽的風不斷地在耳邊呼嘯，就好像是在提醒我：「這一切不是在作夢，你真的就站在少女峰面前！」

　　眼前的絕世美景，或許能解釋我喜愛登高的理由吧？

　　大自然龐大的力量，總讓我油然敬畏。站在遠方遙望少女峰的莊嚴肅穆，登上山巔，用相同視野的高度去欣賞世界的諾大，面對無垠的白景，我們唯一能做的只有感恩眼前的一切，身處世界頂端的那股

感動瞬間溢滿心靈。我很難去描述大自然給予我的震撼程度，只能傻傻地任由身體僵杵在那兒，任由所有情緒四處流露。因為眼前的歐洲之巔，讓我們認知到自己的微不足道，是該謙虛地、真切地去珍惜自己擁有的幸福。

　　但如果說少女峰是這趟旅程的靈魂要角，那麼琉森小鎮就是那位說出貫穿整齣故事經典台詞的最佳配角。

　　經歷過少女峰帶給我們感官的猛烈震撼後，下山轉乘大名鼎鼎的黃金列車返回琉森，黃金列車的車廂經過特殊設計，將兩側車窗的空間特別加大，在靠近天花板的位置使用透明玻璃，讓視野可以向外延伸更為廣角。列車駛過圖恩湖與布里恩茲湖旁，那片清澈見底的 Tiffany 藍宛如寶石般閃耀奪目。瑞士最迷人的地方，就是不論走到哪裡，都會出現宛如童話故事般的畫面，夢幻到不像真實世界的景

象，輕易滿足我們任何對於浪漫的遐想。

直到列車抵達依山傍水的美麗琉森，山腰間鑲嵌著像是古老精靈居住的紅黑瓦屋，宛如綢緞般蕩漾的湖面上有座廊橋，廊橋邊的白色船帆載浮載沉，有如嬉戲的白天鵝。建造於一三三三年的卡貝爾橋是琉森最著名的地標，亦是世界上最古老的木橋。

比起世界各地雕刻華麗的鋼筋水泥大橋，造型簡單的木橋更是深得我心。深色原木的紋路隱藏著經歷風霜的痕跡，樸實而穩重地連接起兩岸人家的互動，走在橋上的每一步都踏得格外穩健，是種特別安心的踏實感，能將心中的壓力全然放下。

環保意識高漲的瑞士人更為了保護環境、維持瑞士純淨且優美的環境與空氣品質，明文禁止瑞士的商家在夏日使用、甚至安裝冷氣空調，頂多只能使用電風扇解暑。在這樣山城的城市，隨時隨地都能看見居民與遊客同時沁泡在大自然冰涼的湖水中，與三五好友同樂亦或獨自與書香為伍的畫面，我似乎逐漸了解不再受到外界事物的干擾與束縛，親身體驗享受其中的感覺，去記憶這些不容忘懷的行旅生活，何等其樂。

而那些最美麗的景色與生活態度，往往都是日後永存在心底最深處的想念。能有所體悟，便是此趟旅程最無價的收穫。

生活不說
操之過急

西班牙
Spain

上帝不著急・巴賽隆納

　　抵達馬德里的第一天，房東太太親切
地介紹屋內設備的使用方式以及周遭的生
活機能，並語重心長地告誡我們：「你們
千萬不要想著早上七點能吃到一頓熱騰騰
的美好早餐，這城市沒人這麼早醒著！」

　　的確，在這裡百分之九十九的知名餐
廳都是晚上八點才開始營業，接近午夜時
分的街道依舊人滿為患，好像天天都有跨
年活動一樣！三五好友相約在餐酒館裡，
一杯沁涼的啤酒搭配豐富且多元的 Tapas
（塔帕斯，西班牙的前菜）當下酒菜，就
能沒有隔閡與尺度地暢聊一整晚。大部分
西班牙年輕人都是這家吃完，就緊接著再
尋找下一家續攤，可惜我本身不是一位愛

好夜生活的晚歸男子，天黑後就覺得該回家了，這麼晚才吃晚餐是要叫人消化不良嗎？

西班牙的料理多為生鮮冷食，市區鮮少能找到其他國家的料理，這對於身為亞洲民族驕傲的「老中胃」，熱愛各式亞洲風格餐點的我實屬煎熬。不過，嘗試著融入當地飲食習慣，用當地人的口味祭拜飢腸轆轆的五臟廟，不也是一種假裝自己生活在遠方的方式嗎？

直到事後回想起來，我才明白為何聖家堂彩繪玻璃透出的華麗光彩，竟讓我如此頭暈目眩——原來從中午就開始飲酒，真的是融入歐洲生活的最佳方式！

這趟旅行看遍了各式各樣的教堂，越看越是麻木無感，一直到親眼看見聖家堂後，我忍不住情緒激動地讚嘆眼前的一切，聖家堂是迄今為止走過的世界各地任何種族、任何宗教的教堂，都無法相互比擬的壯觀。

偉大的建築師高第認為：「直線屬於人類，而曲線歸於上帝。」與上帝對話的方式有很多種，他只是選擇了最樸實且生動的那一種。教堂的整體設計靈感來自大自然的啟發，凡舉山稜、川流、大地上活躍的動植物等元素，都巧妙地透過曲線、螺旋、錐形與柱體等各式變化組合，在沒有直線與平面的設計下，融合成世界建築上絕無僅有的奇蹟，像是一曲經歷漫長歲月但仍尚未完成的交響樂章。

　　儘管我不熟悉聖經上的故事，但教堂外雕刻著栩栩如生的人物、花草、山脈等繁複的細節，光是細細品味就足以令人瞠目結舌許久。當我步入聖家堂的那一刻起，強烈的視覺衝擊，讓我在每一處角落都不斷驚呼連連。

　　不同以往傳統教堂的莊嚴靜謐，我反而像是誤闖光影交錯的迷樣森林的旅者，矗立教堂內的柱子是奇異又巨大的樹木，來自天堂的光芒穿透絢麗的彩繪玻璃，宛若七彩霓虹的光幕從天穹一瀉而下，瞬間呈現一股五彩繽紛的曼妙色彩。這是讓光線能夠大顯神威、一處彷彿夢境般變幻莫測的魔幻世界。似乎永遠不存在審美疲勞，不同時刻的陽光照射都會呈現截然不同的面貌。

　　想要離開，便頓時有種悵然若失的感覺，像是經歷喧嘩過後的寧靜、煙花散盡後的落寞，只好暫時靜坐在教堂的長板凳上歇息片刻，靜待眼前綺麗得不真實、不屬於這凡俗世界的地方，能夠緊緊牢記在心底。聖家堂成為我西班牙之旅最為震撼的驚喜，這是事先閱讀再多簡介與建築照片都無法完整詮釋的壯觀。

　　如果時間允許，我多麼希望自己能夠像個悠閒的當地人一樣，從容優雅地欣賞一切。現在要我推薦其他西班牙景點，除了一些旋風式快閃的地標之外，我滿腦子都是聖家堂的身影。

「衝來衝去從來不是我旅行的方式」我突然想起剛開始工作時，同事帥氣地拋出這一句話。至今，我都記得她當年的至理名言。

別太期待打卡式的旅遊會為自己人生帶來什麼轉變，也或者說，本來就不應該期待旅行會為自己帶來什麼改變。那對於旅行來說都是過份且苛薄的要求，它又不虧欠你什麼。真正發生轉變的不是每一次莫名的出走，而是旅途上的經歷與故事，悄悄地、慢慢地豐富了自己的人生，僅此而已。

旅行並非改變生活的特效藥，不論為了何種原因出發，任何的變化都是潛移默化的，只有自己清楚。直到某一天回頭品味那些曾經走過、活過的路，還能夠會心一笑其中的酸甜苦辣，在世界某個如此夢幻的角落，還記得曾有自己短暫駐足的痕跡，記得當時的溫度與感受，都是活過的證據。

我在寄給自己的明信片中寫著：「陽光曬過後的衣服，是我最喜歡的味道；陽光曬過後的心情，是我最滿足的狀態。你總是不停追趕著美好的人生，卻忽略了任何美好的事物都並非追趕出來的。別忘了好事多磨的道理，生活本不該操之過急，好好享受當下的陽光吧！這是生命中最昂貴的裝飾品。」

此理論無論套用在個性或者生活，似乎通通適用。

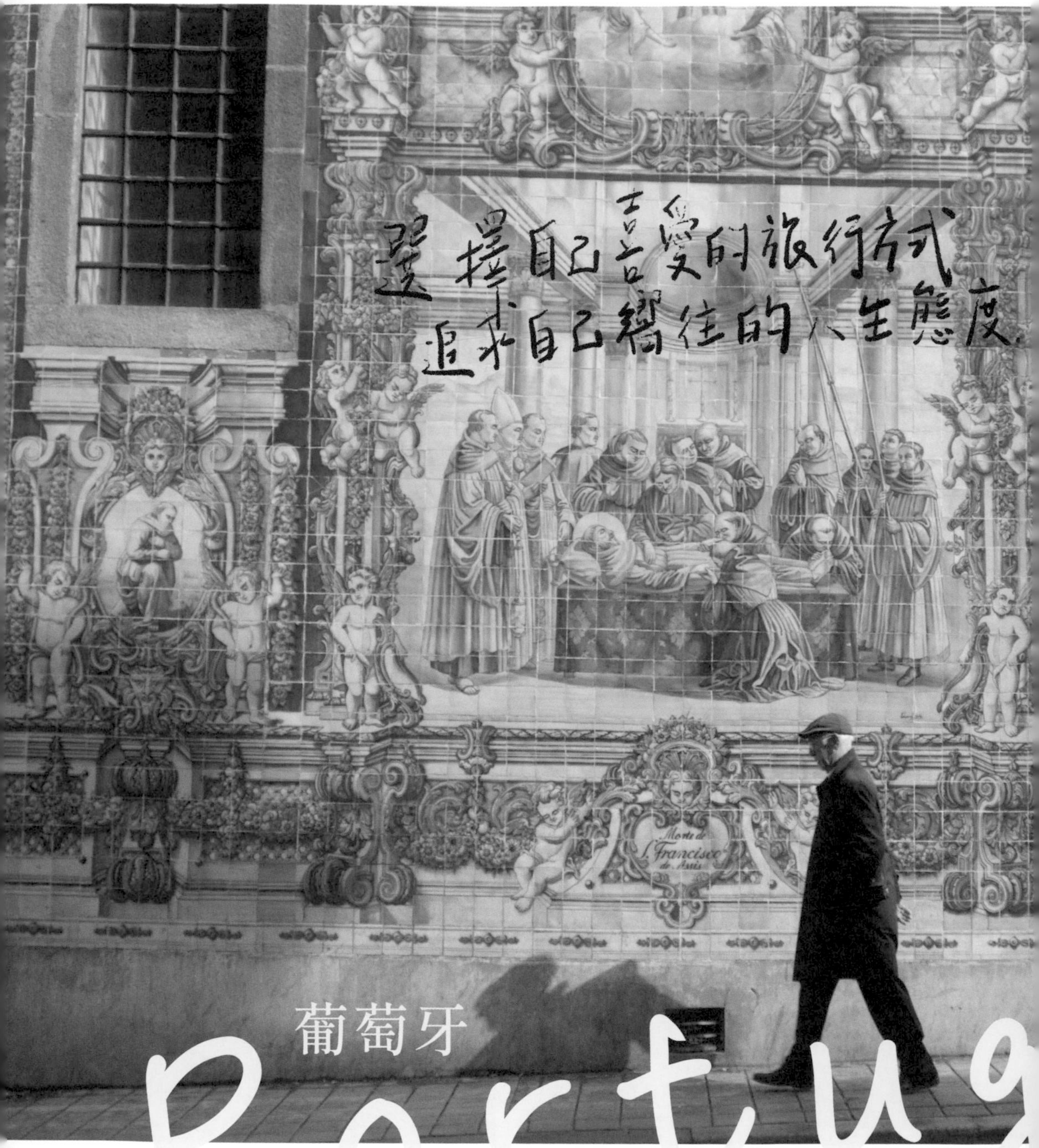

選擇自己喜愛的旅行方式
追求自己嚮往的人生態度

葡萄牙

Portug

城市之間有何好比較·
里斯本、波爾圖

　　值性相近的兩座城市，時常容易被拿來比較。

　　例如：中國江南山水的蘇州與杭州、美國西岸的洛杉磯與舊金山，似乎現在的媒體都要做出比較圖表，無法忍受兩個相近的城市竟不能比較輸贏，非得分出勝負才肯善罷干休。你能在一座城市中看見另外一座城市的影子，也能在不同的城市的漫步過程中回憶起同一段故事，並非自己學會比較，而是自己逐漸與那些看似毫無關聯的風景，默默建立起與自身獨特的連結，於是自然地在世界不同的角落喚起早已內化而成養分的記憶。

　　這樣的行為模式，無關好壞，只有偏愛。

　　我們可以不留情面地表達對於一座城市的喜好與厭惡，這都是合理且無須感到抱歉的真實反應。如果將同樣的模式套用在葡萄牙兩大城市——里斯本與波爾圖，也是相同的道理。

　　若將葡萄牙試著擬人化，它應該是位歷經滄桑、身經百煉的耆老，有過年少時的意氣風發、也經歷過中年時的失落嘆息。在這樣的背景之下，誕生了兩座截然不同氣質的城市。里斯本有著自己叛逆不羈的古靈精怪性格，而波爾圖則相對優雅而充滿成熟誘人的韻味。

　　里斯本的白天讓我回憶起嬉皮文化起源的美國舊金山。地勢同樣高低起伏、有復古造型的電車穿梭其間，但里斯本的市容更富有懷舊的歷史感，畫面色溫被調成暖色調，塗鴉與彩繪磁磚在城市的各個角落更是無所不在。無論是單一幾何圖案鋪滿建築外觀，抑或是直接將整面白牆當作畫布塗上藍色顏料，畫上有關歷史與宗教的故事，都是

一種特殊的繁富之美。

　　不過黑夜降臨後的里斯本，卻讓我心生恐懼。

　　你有做過一種惡夢嗎？在昏黃光線照射的古老街頭不斷往前狂
奔，蜿蜒起伏的石板路上沒有任何路人，牆面塗鴉的人偶表情也頓時
變得詭異，一路上死命狂奔、逃竄得氣喘吁吁只為了躲避瘋狂殺人魔
或是嗜血怪物的追殺。小時候，我以為這樣場景是發生在類似九份那
樣的山城。直到這次才發現，孵化從小夢魘的背景竟然是遠在葡萄牙
的里斯本！穿過了無數昏暗巷弄才能抵達的夜景一點都不浪漫，到底
是誰和我說夜晚的里斯本非常迷人？平日做太多虧心事、容易胡思亂
想的人實在不適合夜晚仍在外面遊蕩。

　　次日，按照原計劃前往辛特拉卻不幸遇到下雨天。色彩繽紛的
佩娜宮躲藏在濃密霧氣裡，全然無法辨別到底身在何處，人人口中浪

漫魔幻的宮殿，我真沒有辦法想像。只好繼續搭乘公車前往歐亞大陸最西端的羅卡角，舟車勞頓只為了和上頭刻著「陸止於此，海始於斯（Aqui, onde a terra se acaba e o mar começa.）」的紀念碑合照，多少也是懷抱著竟然真能來到「天涯海角」的浪漫少男情懷吧？想證明自己，世界這麼大，我曾到過海角，只剩天涯。雖然海景並非特別出眾，不過因此處特殊的地理位置，反而給了這片海灣獨一無二的意境。

　　離開前，還執意要在遊客中心購買一張「天涯海角到此一遊」的證明書，但回家之後直接被我塞進櫥櫃最深處，至今都沒有再拿出來看過一眼。

　　不過，相對於里斯本的繁華與熱情，波爾圖簡單的純淨，似乎更深得我心。

　　旅遊書將從波爾圖路易一世大橋向下眺望老城的經典景象，稱為波爾圖最美麗的表情。我覺得「表情」這一個詞用的非常貼切！不是風景、不是景點，而是最平淡無奇的日常，最讓人思念難忘的神情。

　　無論是身處制高點或是在杜羅河上乘船，沿著兩岸欣賞寧靜祥和的風光，都同樣令人沈醉。這裡沒有泰晤士河周圍繁多雄偉的建築，

也沒有塞納河畔的氣氛那樣浪漫誘人，但這裡就是有它獨特的味道。
似乎有些鬱鬱寡歡、但又充滿無窮動人的情懷，與這座城市展現出來
的性格，十分匹配。

　　緊接著一連串的「世界最美系列」，更是讓我對於它的愛慕之情
昇華至極點。

　　「世界最美書店」萊羅書店內部的天花板與裝飾原以石膏為主原
料，但表面經過特殊處理看起來就如同雕刻過的木頭一般，有著美麗
且獨特的花紋，而連接二樓的木製旋轉樓梯宛若哈利波特電影裡的場
景，更是讓各地旅人遠從他鄉只為了目睹一眼它的風采。在狹小的空
間裡頭拍照的遊客遠比認真閱讀的人還多，在無時無刻都人滿為患的
情況下，想要得到一張沒有干擾的空景照片，還得等到書店即將打
烊，所有遊客漸漸離開後才順利達成。

　　這裡喚起了我曾經身為哈利波特書迷時候的那些回憶，於是離開
書店後決定前往 J.K. 羅琳當時在波爾圖旅居時寫作的咖啡廳，好奇這
個奇幻的魔法故事是在怎樣的環境誕生。

　　以建築來說，「世界最美咖啡廳」Cafe Majestic 不只是一間咖啡

店，更是一棟歷史悠久的古建築，或者更誇張的形容是一幢古典豪華的迷你皇宮也絕不為過。葡萄牙的咖啡文化僅次於義大利，衍生出一套屬於自己獨特的風格，四處都能看見富有特色的咖啡店鋪。

在鏡面的多重反射與燈光的映射之下，更讓 Cafe Majestic 添增華麗與復古感，顯現出當年曾是社會名流聚集的高貴風範。不過，我並非一位執著的咖啡專家，實在喝不出各國咖啡之間的差異性。膚淺如我，在國外喝咖啡在乎名氣，在臺灣只在意夏天有沒有冷氣，最好大杯便宜、可以喝越久、坐越久越好！

離開葡萄牙前，最後來到擁有「世界最美火車站」美譽的 SÃO Bento（聖本篤）火車站。一走進車站大廳，映入眼簾的是富有古樸濃厚氣息的寬敞空間，柔和的奶油色陽光透過彩繪玻璃灑進室內，四周的牆面上畫滿葡萄牙各個時期的重要歷史，車站正中央懸掛著巨大

的銅製時鐘，似乎正在提醒著遊客別因為貪圖眼前的美景，而錯過了準時啟程的列車。

車站以往只是我旅途中被忽略的過客，所有的抵達與離開皆未停歇過。但這次我選擇停下步伐，細細品嚐這被美麗瓷磚覆蓋、充滿了典型葡萄牙色彩的火車站。

里斯本與波爾圖帶給我的感受並非是要比較優勝劣敗的競爭者關係，兩城身處同一個國家卻發展出出截然不同的樣貌，如同飛機同時起程航向天際，僅管飛行角度只有些微的一度之差，經歷長時間的累積最終將會抵達完全不同的目的地。這不正與人類性格養成的發展雷同？

選擇自己喜愛的旅行方式、追求自己嚮往的人生態度，才發現，原來自己早已為了眼前擁有的一切、現有的生活，深深著迷不已。

起飛與降落之間・一秒入戲

對於空服員來說，客艙的隔簾彷彿具備了能夠隔絕一切事物與聲響的魔力，像是無菌的真空室或者千斤重的金庫門。只要拉上簾子，瞬間就能分化兩個世界。

那天，資深女同事氣噗噗地回到廚房，唰的一聲就將簾子拉上，開始抒發自己不幸的遭遇。

曾有朋友問過我：「為什麼空服員總是那麼愛抱怨客人啊？」

我仔細思考後回答她：「或許因為空服員的工作沒什麼事情可以拿來說嘴啊！（我是說大部分啦）不像別的職務可以探討工作上的業務或是業績壓力等等，空服員每天都遇到不相同的工作夥伴，那些溫暖又溫情的溫馨小品，說多了只怕顯得過於矯情，不得不承認大家臭味相同地沆瀣一氣，一同抱怨起工作上遇到的人事物，即使都是一些不足掛齒的芝麻瑣事，但有人聲援並表示懂你的感覺真的挺紓壓，而且還很快就能彼此活絡、打成一片呢！」

正如同我的說法，當天資深女同事進來廚房開始長篇闊論，內容不外乎是抱怨旅客總是要把廁所當淋浴間使用，搞得地板永遠濕搭

搭，或者語言無法溝通、一下說要吃飯一下又不要，明明訂了特別餐
卻死不承認，還想要多吃別人的餐點，又或者為何事情總是不能一次
講完，非得要分好幾次說才行，害她要來回奔波好多次等諸如此類的
小事。

　　說真的，現在的我已不太會為了這類的事情動氣。太認真、太
輕易交付真心、付出真感情的人往往總是傷痕累累。能保持著一種與
世無爭的脫俗心境，在面對各式合理與不合理的要求時都不會波動情
緒，這才是我現在努力在追求的。

　　這時，另一位資淺的女同事說話：「姐，你有聽說一個說法嗎？
他們好像都不會同時交付給服務生太多事情。就都是這樣做完了一
件，才又一件一件慢慢地說，因為他們覺得將所有事情一口氣說出
來，是非常不禮貌的行為。」

　　資深女同事彷彿被這段異想不到的回覆，給打亂了接下來早已彩
排好的劇情，照理來說只需要稍微附和她的說詞，然後隨著她一起抱
怨兩句客人實在真不應該，又或者更加分的若能舉出自己也曾遭遇過
的實例，這場演練無數次的抱怨大會就能完美落幕。殊不知卻是得到
這樣的回答，頓時讓資深女同事下不了台，彷彿自己是十惡不赦的罪
人，怎能這樣抱怨善良的他們。

　　於是，資深女同事就開始拉扯著自己的衣領，不斷甩動自己的頭
髮並咆哮著：「啊～～我就是不值得被溫柔對待，對我殘暴一點吧！
再對我粗魯一些吧！可以將要求通通一次說出來沒關係，千萬不要對
我手下留情！」頓時，大家都被她逗得開懷大笑，畢竟演得太有戲劇
張力，差點忍不住要大聲為她鼓掌喝采。

這時，一個微弱的聲音悠悠地從隔簾後方傳出來，探出頭來的是一位拿著保溫杯的中年婦女。只見她彷彿受到驚嚇地緩緩說出：「打擾了，請問可以幫我裝點溫開水嗎？」

　　資深女同事立即又展現其專業，露出完美八顆牙的職業笑容接手，裝完後並小心翼翼地遞還給阿姨，「這是您的溫開水，請小心燙喔！」

　　看見阿姨接過保溫杯後便落荒而逃的神情，我知道，這片隔簾並沒有想像中的那麼所向無敵能夠隔絕一切。

　　至少，我相信阿姨絕對是被資深女同事的演技給著實嚇著了。

不必成為別人期待.
或是想像的那個模樣.

匈牙利
Hungar

Hungary
IMPORTANT
POSTAGE

旅行，
或許是該留些遺憾

成長的多瑙河・布達佩斯

　　曾讀過一篇文章說：「多瑙河的美，來
自於河畔沒有那些提醒遊客『水深危險、請
勿戲水』的警示標語，而是相信大家都能為
自己的行為負責、當能一條美麗又自主的多
瑙河。」

　　沒有等到夜幕降臨，站在昏暗的多瑙河
畔看著國會大廈換上金黃璀璨的禮服，似乎
錯過了這座城市最迷人的面貌。本以為固執
的我會為了達到目的而對抗睡魔襲擊、甘願
獨自死守下去。但沒想到曾經太多的原則與
堅持，最終也會隨著時間而改變。當我將旅
行視為生活的延續，開始在異鄉過著平凡的
日常，即便錯過了，也不再感到遺憾。

　　我為何而來？又即將往哪兒去？在旅行

　　的路途中，我不斷地期盼能抓住時光成長的證據。永恆，是只存在於時間軸上的點。無論事情也好，關係也罷，當我們開始學會回憶過往、緬懷往日種種情懷，其實早就已經錯失了最美好的時刻。

　　關於真實的人生，三十歲以後的日子，往往是延續著二十多歲時的生活軌跡，但是比起失敗，更令我害怕的是卡住了的人生，以及停滯不前、只願活得安逸而不曾嘗試的自己。在面對眾多抉擇時，即便心中早有答案，將最好與最壞的情況在心底演練數回，仍需要別人的正面能量來堅強自己的決心。畢竟，任何的選擇都會直接、間接地影響未來的發展。對我而言，真正的勇敢不是義無反顧，而是深思熟慮之後，仍願意勇於承擔。

　　在規劃與執行旅行的過程，總會幻想著旅途歸來時的自己改變了多少。如同喜歡想像著自己三年、五年、甚至十年後的生活，卻時常

忽略了自己當下到底活成什麼模樣。經歷歲月與磨練的人生，面對旅行的心態都會成長。要在未來生命中的某個節點，回過頭閱讀自己來自不同時期的文字，是件需要多少勇氣的事情啊！在文字裡，回憶起兒時的年少輕狂、遇見了穿梭歲月之後的成熟穩重，也看見了自己的成長。無論筆法如何轉變，都希冀始終保有自己的模樣。

值得慶幸的是，不再如同過往盲目橫衝直撞的旅行方式，逐漸有了探索世界的速度，也不必成為別人期待或是想像的那個模樣。

最美好的旅行從來不是曾經擁有，而是我們還願意一同創造未來更多的延續。時光停留在按下快門的那一刻，便是最該珍惜的瞬間。生命走到哪個階段，本就該喜歡那段的時光。不沉迷過去，不狂熱未來，珍惜每個當下，才是真正的永恆。

因為生活很難凡事都盡善盡美，但也正是因為這些不完美，才更像是真實的人生。努力把自己活成想像中的樣子，好好過日子，就是好日子。

就讓我們繼續用影像交流、用文字交友、用故事一起買醉吧！

任何一趟旅行.
都無法複製.

捷克
Czechi

回憶中的天鵝湖・布拉格

　　曾經有人問我：「該如何記錄旅行中的故事？」

　　在旅行的途中，我們跳脫了原本的舒適環境，對於外在的世界充滿著無限好奇，這時候的我們總會異常感性，敏銳度極高的知覺感官總會帶領我們發現不一樣的生活面貌。無論是以攝影或者寫作來當成記錄旅程的媒介，或是兩者之間的相輔相成而勾勒出日常的美好，在當前這個網路盛行的世代，「旅行分享」可謂一件進入門檻低、卻被世人視為極重要的生活大事。

　　倘若影像能直覺地展現當時的故事背景與環境氛圍，那麼文字的描述與堆疊便是提供閱讀者無限的發想空間與自我情感投入的

最佳選擇。

以前，我時常苦惱於該如何撰寫自己的旅行故事，該成就怎樣的風格？直到某日，無意間看見享譽國際的知名導演李安在某次的訪談之中，被媒體記者略帶批評口吻地提問：雖然嘗試不同類型的電影，在不同題材、時空、文化與製作團隊間不斷轉換，如此多元性的嘗試與發展卻也難免被質疑個人特色與風格較為薄弱。這時，只見他沈穩又從容地說：「風格，是讓那些沒有風格的人去擔心的。」

攝影之眼與文字的力量，也是透過一次又一次的挫敗與練習，經歷歲月的累積而成長茁壯的。搞笑的是，我曾天真以為旅行能夠透過模仿或朝聖前輩們已經抵達的路程，就可獲得與他們同等的能量和感觸，甚至重複前往相同的地方也期盼迎回同樣的感動。

直到我第二次前往布拉格旅行，想藉由曾經記錄過的影像與文字，重溫初訪時的回憶與悸動。然而當我再次站在布拉格廣場仰望著歷史悠久的天文鐘，看著鐘隨著時光的流轉，持續轉動，我才終於明白——原來，任何一趟旅行都無法複製。

原本想要前往首次來到布拉格時發現的「天鵝湖畔」，自以為懷舊地再拍攝一張相同的照片，對比這段時間自己的變化。但是，當我走在擁擠不堪的老橋上卻驚覺即使回到那裡，也早已不會是當時的景象，天時地利人和的照片只要擁有一張就足夠了，我的生活實在不需要複製一模一樣的景象。

事隔多年後回到布拉格，才發現這些日子裡，自己對於世界的定義，早已悄悄地發生改變。繞了世界一大圈之後又回到這裡，感觸竟會如此深刻。

　　總努力試著將每一處的遠方生活得像是家鄉，努力熟悉當地的風俗民情、學習使用當地的語言、想要以當地居民的視角去探索城市，但一路走來始終格格不入。習慣依靠著常規生活，慣性運用既有觀念思考，總會一再質疑人為何要挑戰自己？挑戰極限？待在舒適圈沒有不好，用舒服的方式生活也沒有不對。渴望改變如果只需要用說的，那該有多容易？

　　當時那位懵懂的少年，就算面對眼前未知又巨大的世界，內心卻依然無所畏懼、隨時準備好接受各種挑戰。現今，回頭望向這些曾駐留過的足跡，才發覺在不知不覺中，原來我也早已默默走了這麼遠的路！

　　以前，總認為自己走在名為旅行的道路上，但會不會最後才發現一切只是存在於時差的短暫幻影當中。何謂是生活？何處是生活？時間總用最沉默的方式教導我許多事情。當未來某日驀然回首經歷過的一切，此時此刻的人事物浮現眼前，輕輕描繪著這段漫漫時光中誰與

誰的改變、最終又成就了什麼？

　　一直以來，我始終認為最好的生活就是行走在旅行的途中。但如果有天當我不再旅行，是否也會忘了該如何生活？身處在曾經立足過的地方，才夠資格回顧這幾年的自己，是否仍有成長。想通了，就頭也不回地繼續大步向前走。任何心之所向，即便多困難、多遙遠，只要出發，便能抵達。

　　曾經出現的夢幻美景，或許還是留在回憶裡，最美。

由奧藍編織而成
的夢之城，醒來後依然、
如此令人感到不切實際.

希臘
Greece

重要的不是風景・雅典

「欸，我剛收到 E-mail。明天前往聖托里尼的班機現在開放可以線上 check-in。然後信內好像提到什麼折扣之類的，說我們現在就可以拿到登機證！我不是很懂那是什麼意思？我們要先登記嗎？」我反覆閱讀了幾遍收到的英文郵件，還是不太明白郵件的意思。在無法獨自拿定主意的情況下，徵詢其他旅伴們的意見。

「感覺是不是有點麻煩啊？還是算了，我們到時候在機場直接人工櫃檯 check-in 就好了。」馬上達成共識，決定直接忽略那封貼心提醒的電子郵件。

這是我第一次在國外訂廉價航空的機票，算是某種特殊的靈異體質吧？在旅行

　　的路上我時常遇到各種偷拐搶騙的離奇狀況，讓我也磨練出一番能豁達面對的個性，只要在人身安全為前提的情況之下，損失一點盤纏不至於阻撓我繼續向前的人生。

　　或許，一切旅行的開端就如同我首次搭乘巴士進入羅馬市區的心情一樣，我期待著同為世界四大古文明首都的頭銜，會讓西元前四世紀就存在至今的希臘古文明首都——雅典，能充滿濃厚的古文化底蘊與涵養，衷心期盼任何關於希臘神話的電影場景真實地矗立於眼前。

　　但二〇一〇年希臘政府欠債三千億歐元、無力償還債務讓國家

面臨宣布破產的窘境，就算接受歐盟經濟的救援也回天乏術。路上的街景不同於我華麗的想像，反倒是一股景氣低迷的狀態。熱鬧的商店街紛紛拉下鐵門暫停營業，鐵捲門上也被噴漆噴上各式各樣的街頭塗鴉，店門口更是堆滿了廢紙箱與塑膠簍筐，讓原先應該乾淨的市容變得更顯經濟蕭條。街道上除了觀光客之外，更多得是看似無所事事、實質上遊手好閒的當地人，正當我困惑這樣的環境該如何重振當地的觀光產業時，我隨即就獲得了解答。

將行李於民宿妥善放置後，為了把握有限的時間，立刻搭乘 Uber 前往見證希臘文明的興衰、千年不朽且屹立不搖的雅典衛城古建築群。一路驅車經過雅典市區中心地帶的憲法廣場後，便開上雅典市區西南方陡峭的山崗。隨著距離緩緩拉近，膜拜雅典那的帕德嫩神廟就在眼前逐漸變得清晰，無論是身在其中或是從城下仰望，都能感受到建築群豐富的藝術意象。

在前往雅典前我就下定決心，此次不會與往常一樣逼迫自己將時間塞滿景點行程，而是選擇最想要仔細參觀的衛城即可，因為旅遊書上寫著每個景點才兩塊歐元的入場費，這麼佛心的價格我連考慮要買套票的想法都直接省下來。

但是，當我拿著五十歐元到售票亭購買四人一共四十八歐元的門票時，坐在裡頭的售票員右手食指用力地戳著玻璃前張貼的白色公告。原來希臘政府在二〇一六年四月已全面調高各個古蹟門票的價格，光想進入帕德嫩神廟，一個人單張票價要二十歐元，價格漲幅逼近一倍讓在場所有的外國人都露出驚訝的神情，只有裡頭的售票小姐一臉淡定，一副進不進去參觀我都不在乎的表情。

既然都大老遠來到山腳下了，豈能因為這點小事就打退堂鼓？即使其他外國人不斷在櫃檯抱怨與咆哮，最後仍舊是心不甘情不願地付了門票。希臘宣布破產之後，觀光客簡直成了待宰的大肥羊。

　　登上衛城後，我覺得衛城最宏偉的角度是由山腳往上仰望的姿態，靜臥在雅典古城的上方，俯瞰著腳下的國土曾經經歷過浩蕩的時光，而它依舊不動如山。懷抱著尊敬的心情緩緩攀登，一走進衛城的遺址，便能感受它古老的魅力與莊嚴的氣魄，雖然眼前僅剩下一片斷垣殘壁的景象，就如同我當年前往中國參觀被英法兩國盜竊破壞的北京圓明園一樣，依舊能從中想像當年的壯麗與富貴，殘存的幾十根大理石圓柱彷彿還原了神殿當年的宏偉與輝煌。

　　在夕陽即將沒入地平線的那端前，我們匆忙著奔回山腳下準備離開衛城，遇到同樣自由行的中國大媽正在售票亭前躊躇不止，我想他們應該也是被門票價格驚嚇到正不知所措，看見我們下山便抓著我們詢問：「這門票實在漲得太誇張了！那上頭到底有啥好看的啊？有趣嗎？」我想了一下回答：「有不有趣我不知道！如果你沒興趣的話，上面看到的就是一堆幾千年前留下來的石頭與石柱，沒啥特別精彩的，不過我就是蠻喜歡。」說完，一行人便帥氣地揚長而去。

　　正如同我始終認為一個景點是否值得參觀，本來就是一件很主觀的事情一樣，我沒有義務負責任何人對於這些場景的感受，不論無聊或是有趣，都要等到親身體驗過後才能判斷，而非來自他人口中的感受。

　　後來，我們在衛城的出口始終等不到 Uber 的服務，最後決定詢問路邊排班的計程車如果到熱鬧的憲法廣場要多少錢？幾位司機大叔們便開始彼此搶生意，先是詢問我們要去哪裡，然後告訴我們現在那裡的商店已經關門了，如果要吃飯的話可以推薦我們去什麼海港，可以載我們去，單趟車程大概半小時左右，車費只要三十五歐就好！

　　我們剛才從住處搭車經過憲法廣場到衛城也才五塊歐元，何必要

花如此昂貴的車錢去一個我甚至沒聽過的海港吃海鮮？後來一群人
連番推銷各式景點，但我們執意要前往市區，並要求計程車不喊價而
使用跳錶的方式計價。最後只有一台車主表示有跳錶的功能，直到這
時我們才上車。

　　但不知道為何，坐在前座的我一路上仍然感到異常不安。

　　或許因為這輛計程車內部髒亂到讓我難以置信，又或者是司機一
路上仍不放棄要帶我們去剛剛他們推薦的海港餐廳用餐，又或者我的
目光始終盯著車前那個沒有邏輯性的計價儀器。一開始還猜想上面的
數字代表的是價格還是里程？直到數字一路上跳到三千多之後，我才

漸漸理出這個數字或許代表的是距離，但依舊越跳越高，我情緒越來越緊張。

最後看到奧林匹亞宙斯神廟，我提議這邊停車走走，再慢慢散步去憲法廣場，便請司機靠邊停放我們下車。詢問車資時司機直接指著方才我始終盯著的數字，說車費一共是三十五歐元，並瞬間收起一路上親切導覽雅典城市歷史的笑容，變成一臉兇神惡煞的模樣。

當下我們全傻眼，從住家搭 Uber 到衛城也才五歐元而已，現在不到一半的路程竟要七倍的天價。但是看著司機不發一語地盯著我們，並沒有想要打開車門放我們下車的意思，我們仍乖乖付了這昂貴的車資。

後來是上網看見別人的分享才發現，網友們強烈建議不要在希臘搭乘計程車，尤其是在雅典。這裡的計程車司機不但有沿途接客的習慣，與他人共乘但卻不均分費用，甚至某些司機會利用各種名目對外國人收取過高的費用。因此非必要絕對不要搭計程車！若真的需要搭乘，也要事先談好價錢、最後才付款。想不到我們忽略了各位旅遊前輩們的叮囑，硬上黑車的下場即是如此，只好心痛地安慰自己這點小錢不算什麼！

由於隔天清晨要搭飛機前往聖托里尼，我們簡單吃個晚餐，便早早回民宿休息。

次日天未亮，整座城市尚未清醒，我們就已經搭乘事先預訂的轎車前往機場。想著這短短的十二天我們總共完成了十趟的飛行，成為我人生中最密集搭飛機的一段時光，以後終於能反擊那些目中無人又自視甚高、總愛在機上臭跩著臉、高傲地嗆著：「哎你不懂～我很常

坐飛機啦！」的旅客，終於能夠驕傲地反問：「你有比我多嗎？」但
也因為這樣的自信心，我們總將抵達機場櫃檯辦理報到手續的時間抓
得非常精準，依照過往的經驗，只要關櫃前已在櫃檯前排隊就一定能
夠順利辦理登記手續，而且總是無往不利，絕對不浪費任何多餘的時
間等待。

　　抵達機場航廈遠遠看著登記櫃檯仍大排長龍，心中還暗自竊喜：
「看吧！好險剛剛多睡了一下才出門！凌晨三點半起床真的太累人
了！」當輪到我們辦理的時候，地勤人員也是一臉沒睡飽請我們交出
護照與登機證，並確認是否有需要托運行李物品。我們以為自己聽錯
了便再詢問一次說：「登機證？我們剛到櫃檯報到而已？還沒拿到登
機證啊？」

於是，我看見地勤小姐深吸了好大一口氣，疲憊的雙眼顯得更厭世，彷彿這樣的戲碼每天都要不斷上演，她需要一鼓作氣地說完接下來制式化的台詞：「我們就是需要您提供護照與登機證！您需要先上網去辦理自助報到，然後將登機證列印下來。現場專人辦理會收取您額外的費用，費用是每位五十歐。你們應該有收到提前辦理登機的郵件吧？但因為現在已經要關櫃了，所以不能網路辦理登機，您們若是還要搭乘這班航班的話，請儘速先去後面櫃檯繳費，然後再回來找我拿機票，謝謝。」

　　聽完後我們頓時傻眼，包含排在我們後面的每一位尚未提前網路辦理登機的外國客人也都一樣。有人暴怒對著櫃檯小姐大聲吼叫，有人激動地拍打著桌子說這是什麼邏輯，而我們儘管傻眼仍迅速地跑到繳費櫃檯排隊，一邊謾罵廉航這是什麼規定，什麼死人骨頭都要收費真是有夠誇張，一邊乖乖地拿出信用卡一刷，五十歐元就這樣比我們還提早起飛。

　　原來，當初以為可以得到額外折扣的信件，其實是提醒我們可以省下人工辦理的費用，廉航真摯地感謝我們這些沒認真讀懂郵件的旅客，期待並歡迎下次搭乘。

　　直到飛機即將抵達聖托里尼，心情依舊無法平息這幾日不斷在雅典各式被「洗劫」的行為，思緒亂得就如同眼前灰矇矇一片的天氣，真心不解我們何苦選在不對的季節來到這兒。氣溫伴隨著間歇性的陣雨忽冷忽熱地變化、冷冽的海風不斷吹襲，更別提什麼最美麗的伊亞落日餘暉，沒有因此重感冒我們就該謝天謝地了。

　　不過至少地中海的陽光，最後為了受盡苦難的我們願意短暫的露

臉，讓我們也能夠體會眾人夢想中的地中海景色的模樣，對於沒有看到夕陽的憾事，也就沒有那麼惋惜了！不過當旅行回來之後，現在只要看到各大旅遊網站的文宣標榜著「浪漫地中海」的名號就會不禁在心底暗自竊笑。

　　聖托里尼是很美，但浪漫地中海藍白風格只有特定一面漂亮而已，除此之外都是尚未開發的山坡地。想要一覽山城風光還得面對超陡階梯不停攀上爬下的挑戰，實在應該要真心好好感謝自己偉大的膝蓋。

　　白與藍編織而成的夢之城，醒來後依然如此令人感到不切實際。

　　幸虧，當初眾人執意寧願多花些住宿費，也要住在景色最美的旅館是最物超所值的決定。從今往後，只要看到那片早已被遊客拍膩的

聖托里尼經典美景，都能輕易地找尋到我們曾居住逗留過的房間，就好像世界之大，總能找到自己曾經存在過的場景，就算現在早已與它相隔千里之遠，仍會輕易地就掉進回憶的漩渦，想像著當時就是站在那一個角度，癡癡地凝望著愛琴海、久久無法自拔。

那些在歲月中曾經歷過的故事，在回憶的漩渦裡模糊之後，又再次清晰。

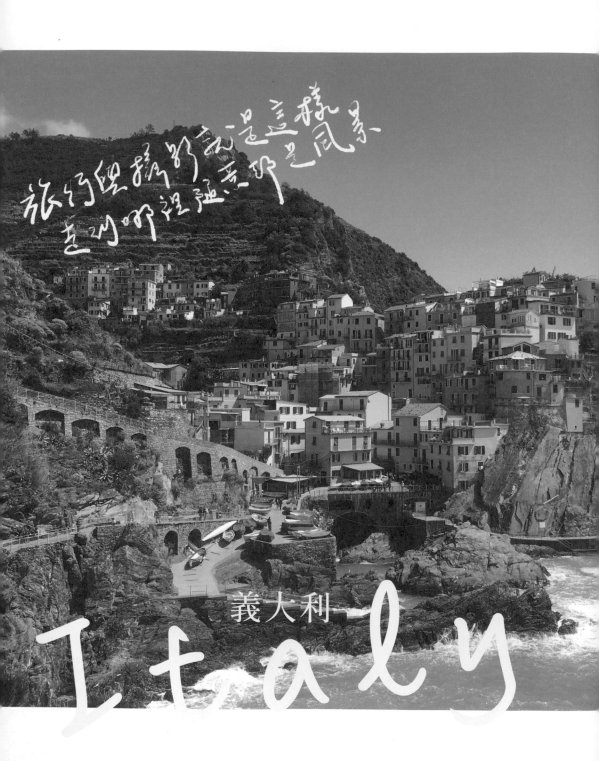

旅行經驗多了就是這樣，
走到哪裡隨意即是風景

義大利 Italy

成為彼此的緣分・五漁村

　　我有一個奇怪的嗜好。那就是在旅行途中，非常願意幫陌生人拍照，甚至以此為樂。

　　智慧型手機還尚未盛行的時期就熱愛獨自旅行的我，時常得厚著臉皮請路人幫忙拍照留念。不過，拜科技進步所賜，縮短了人們與攝影的距離，如今走在街上，幾乎人人都備有攝影的工具。不論是推陳出新的單眼相機、強調便利取向的消費型相機，甚至連智慧型手機都具備強大的攝影功能，相機的普及讓人人都能按快門、人人都能成為攝影師，但要能遇到真正懂攝影的人，絕對需要緣分。

　　依據我往常的經驗，首先要對拿著專業攝影機的人下手，但不能是整批胸口都掛著

單眼相機的長輩團，通常看似是專業攝影團的他們，往往熱心且求好心切，不斷變換角度、連續狂拍了好幾張、並鼓勵我多擺幾個不同的姿勢，但最後得到的照片不是畫面失焦、人物主體極小，不然就是相片的左上方會出現他們的手指頭；同樣的，大部分的外國人也不是一個好的選擇。請他們幫忙拍照，他們的重點就是你本人！滿版的照片就只有你一個人，完全無法辨別出到底是在哪拍攝，更別說在意照片是否過曝或過暗了。

　　如果我有這個榮幸，能用一點點尚未成熟的攝影技術，成為別人旅行中遇見的那個緣分，用鏡頭替他們捕捉當下的心境，望著他們接過相機時看見照片的神情，無論是真心或是假意的讚賞，任何一抹微笑都能讓我感到滿足，彷彿我也成為別人旅行中重要的一部份。

　　但題外話，不知從什麼時候開始，我尋找幫忙拍照的路人標準，不再是以「感覺很會拍照」或是「拿著專業大砲」的路人。現在的依據變成「感覺跑步很慢或是跑不遠」的人，不是特別在乎是否拍得好不好，而是害怕手機或相機交到他手中就被突然搶走，至少要選一個我還追得回來的就好吧？如果剛好找一個比較矮的，他拍起來的效果還會有仰角拍攝的視角，不用特別麻煩別人蹲下就還可以得到要的角度，絕對是

一舉兩得的事情。

旅行與攝影就是這樣，走到哪裡隨意都是風景。

如果有幸遇到一群熱愛攝影的旅伴，更是隨處充滿樂趣。厭倦了繁華的都市、又被美輪美奐的教堂雕塑給沖昏頭腦，毫無懸念地陷入審美疲勞，於是便渴望回歸簡單的自然，只想融入一陣清風的吹拂，走一段田間的石板路，在色彩斑斕的五漁村愜意迷路。

五座風情截然不同的村落成為藝文愛好者的聚集地，所有房子都被漆成暖色調，與湛藍的海水相互輝映，交織成了義大利最美的海岸風光因而舉世聞名。比明信片還要美麗的風景，各個小鎮天生就是一位專業模特，無論透過怎樣的鏡頭都能展現它曼妙的身姿。從白天到夜晚，都可以盡情享受來自五漁村的愜意，不用擔心車輛的喧嘩，各種藝術繪畫與街頭吟唱，都會讓心變得柔軟起來。

在這樣的環境，恰好遇到一群志同道合的夥伴，就算一個完全沒有記憶點、沒有任何特色的街道，也都嬉鬧聲不斷。無需太多指令，便知悉對方想要的構圖，將每一個平淡無奇的巷弄都當作著名景點般去捕捉彼此最自然的神情，隨時隨地只要發現好的背景就立刻叫人過去擺幾個姿勢，或者是走一走突然要你回眸一笑。大家輪流當模特、輪流負責掌鏡、也負責擔任起造型師與攝影助理幫忙提包包與拿衣服，彼此合作無間、不知不覺中彷彿成為了專業的攝影團隊。

能遇到喜愛拍攝、也恰巧略懂拍攝的人，實屬難得，因此分離時也難免萬分不捨，能遇到這樣的同好，往往都讓人有種相見恨晚的嘆息。

對我而言，機場是個煽情的場所，無數的歡聚與別離隨處放映。我們在這裡相見、也在這裡道別，旅行的日常就如同縮時攝影一般，

所有的相識與別離都短暫且迅速地進行。

最近迷上看古裝劇，時常困惑為何主角間每回的道別總是如此輕描淡寫，一句保重便能瀟灑轉身離開。那明明是個無法隨時聯繫，一別可能便是永遠的時代，到底是該如何這般瀟脫？儘管清楚天下無不散之宴席，但卻在道別的那一刻仍會感到悲傷。但或許道別，並沒有想像中來得可怕，因為我們每天都得練習與昨日的自己告別。

念舊的人，有過多的留戀與羈絆，容易無法迅速抽離情緒回歸正軌。選擇將足跡與回憶遍及曾一同踏過的日常，是否就不曾離開，也無需強制斷捨離，因為還是一樣在生活著，真真切切地努力活著。

有一天，仰望著天空，還會記得曾經一起的飛行軌跡與那些共同打拼的點滴，至少對我來說，有沒有永遠，似乎也不那麼重要了。因為我知道，我們都仍在同一片天空下努力。有一天，我獨自走過的道路也能變成你們的世界。

我會將那些曾經旅行過的城市，與你們分享，並且再與你們共同創作全新的故事。

這是一個人旅行無法遇見的景色。

畢竟，就算眼前的風景再美，哪有我美？啊不對！是哪有你們的陪伴美，這樣才對。

宗教與信仰本身
其實不曾存在任何衝突
只有人才會.

土耳其
Turkey

漫步在雲端．卡帕多奇亞

生命中有許多畫面，讓人回想起來，還是不禁渾身雞皮疙瘩。

前陣子參與服務精進課程，當課堂老師談論到關於面對職業倦怠，或者面對生活感到無助時該如何處理時給的建議——「*You only have two ways to do! One is to find something new in your life, or......*（你只有兩個方法能夠去轉變現在的情況！一種是在生活中發現與體驗從未嘗試過的事情，另外一種方法則是……）」我瞬間想起目前生命中最特別的體驗，正剛好印證老師所說的理論。

屬於卡帕多奇亞的清晨，從熱氣球開始。

黑暗寂靜的歌樂美小鎮尚未甦醒，來自世界各地的旅人早已興致勃勃地期待著一次

遨遊天際的機會。這不是只有權貴之人能夠獨享的尊榮，想要順利乘著熱氣球離開地表，浮游於一望無際的上空，浩浩蕩蕩地在虛空中乘風而行，還不是花錢就能買得到的體驗。因為熱氣球飛行的氣候條件非常嚴苛，凡舉天氣、溫度高低、風速強弱與大氣對流等狀況，都是直接影響著是否能順利升空的重要因素。身邊不少朋友前往土耳其就是專門衝著熱氣球而去，但未受到上蒼的垂憐眷顧，熱氣球一連幾日都無法順利起飛，最後敗興而歸。

我在晨光熹微的時刻仍睡眼惺忪，懷抱著平常心前往集合之地。熱氣球駕駛員興奮地表示：「今天的天空是整週以來最乾淨的一天，是個十分適合飛行的好日子！」第一次就能如願啟程，我在燃燒器陣陣噴發而出強烈的紅色火焰時才真正清醒過來。

與飛機起飛時那種急速升空的快感與視角不同。跨進熱氣球的籐籃，毫無任何顛頗與失重感的過程，發現自己緩慢地與踩踏的土地越隔越遠，地面上不停揮舞雙臂、祝福我們飛行平安的人們縮小成漫天黃沙裡的一處黑點，我像極了擁有飛行魔力的精靈，自由自在地徜徉在大自然神奇的力量下，孕育出這片奇特的世界，完全忘卻了畏高的恐懼與緊張。

低頭望去，荒蕪的地表瞬間化成一片神奇的土地。

色彩斑斕的熱氣球飛向村莊、穿梭峽谷之間，越過一座座山丘，漸漸接近天際的邊線，內心的激動與感動也隨之高漲。定格在高空中迎接冉冉升起的第一道曙光，在太陽全然東昇之後，地表上的景物瞬間變得清晰，鬼斧神工、震人心魄的怪石嶙峋與石柱盡收眼底。坐在這開放的大型藤籃中隨風飄蕩。

所有的飛行工具中，熱氣球無疑是最浪漫的選擇。眼前的景色是所有前來此地之人夢寐以求的旅行清單，只為等待漫天升起的熱氣球綴滿天空的這一刻，是一種超越文字與影像能夠記錄的浪漫和悸動。據說唯有見過這片漫天飛舞的彩色星球群，才能知曉什麼是幸福的盡頭。

在這裡的每一天，生活節奏不再重要，大把的青春都值得恣意浪費。但或許也正因不年輕了，我開始懂得不追逐那些不適合自己的流行，漸漸地了解自己真正喜歡與需要的是什麼，而非盲目地跟從眾人隨波逐流。

之後前往土耳其首都，各大土耳其旅遊書上用斗大的標題介紹著「沒有搭船欣賞博斯普魯斯海峽的風光，就不算來過伊斯坦堡！」以往看到這類標語，絕對會排除萬難選定最佳時機乘風啟航，一覽被海峽劃分成亞洲區與歐洲區的伊斯坦堡風光。

但是，我這次本是鐵了心不強求自己參加這類的活動，我的伊斯坦堡我作主，有沒有來過自己清楚就好！最後抵達伊斯坦堡，住在舊城區聖索菲亞教堂附近區域，沒有特別非去不可的景點，那些什麼皇宮或是博物館的，去與不去都不會惋惜，單純只想感受整座城市的脈

動圍繞著聖索菲亞而運行，恣意閒晃就又會繞回原點的城市。

聖索菲亞大教堂的非凡之美，不僅在於它的建築形式，更在於它所具有的歷史內涵與宗教價值。雖然教堂內部許多處的壁畫與部分穹頂仍在進行修復，對於歷史與文化的了解也是我最為缺乏的一塊，但對於「美」的愛好，我們都有著共同的嚮往，就如同對於「時光與歲月」一般，我們也都能有相似的感知。

這座世界上唯一同時融合基督教與伊斯蘭教的教堂，同樣也是清真寺，是信賴與尊重不同立場的偉大建築。一旁當地導遊正對著她的團員們詳細地解說著聖索菲亞大教堂從古至今的歷史故事，其中有句話令我印象深刻，她說：「宗教與信仰本身，其實不曾存在任何衝突，只有人才會。」我深感認同。

如同旅行一樣，或許與生活本來就不會相互牴觸。

如果硬將旅行切割成三個時期，分為旅行前、旅行中、旅行後。以前我十分熱衷於安排與計畫行程的階段，在還沒出發之前開始搜集

資料、閱讀當地的文章與簡介，屬於我的旅行早就已經悄悄開始了！
出發，只是為了得到見證，並對自己的規劃作業做個交代。

　　但當旅行機會逐漸增加，出走變得容易且密集，成為一種生活中
幸運的存在，我開始喜歡上在旅途中偶遇那些未知，將自己固有的想
法全然抽空，想像自己身為一個在地人是如何學習，然後因被躲在知
名景點之外，那些微不足道的真實故事與對話豐富旅程，而感到滿足
不已。

　　原來，一直以來的奔波不止，就只是希望自己以後老了能成為

一位有故事可說的人，如此而已。
現在，更愛旅行結束後的自己，讓
回憶片段繼續延續著荒謬的人生旅
行。的確，當生活中能夠持續注入
新的元素，光是努力探索未知的世
界，讓對於世界的好奇心永遠保持
新鮮，體力與時間怎樣都嫌不足，
怎麼可能還會對生活感覺到厭倦或
是疲累呢？

正當我掉入美好的回憶漩渦，
憶起那趟令我魂牽夢縈的土耳其之
旅想得出神時，才發現老師的話尚
未說完——「or......to find someone
new in your life？Life is too short
to be wasted, right？ hahahahaha.
（另外一種方法則是去找尋另一個
新的人陪伴你的生活！畢竟，人生
苦短不應該浪費時間啊！有道理
吧？哈哈哈）」

語畢，連老師自己都忍不住捧
腹大笑。如此不負責任的行為，這
樣教學真心沒有問題嗎？

起飛與降落之間·你打算做多久

曾有朋友問我：「你會想一直做下去嗎？」

或許因為不清楚自己的答案為何？沒有一個具體的數字或是時間，因此在思考的過程當中反而會憤慨地認為，有此提問的人大多對於這份工作有著某些程度的不了解，就如同這類問題通常不會輕易拿來詢問其他產業的從業人員。

例如：「你打算當醫生／律師多久？」「你不當工程師之後想要幹麻？」「你會想要當公務員到退休嗎？」

我回答：「目前來說我蠻喜歡這個產業。即使做得不是最好的那一個，但也還算過得去。」她露出困惑的神情：「什麼是喜歡這個產業？你喜歡什麼？」我頓時語塞，竟說不出個所以然。

我對於飛機的構造或是機械原理等事物並不是特別感興趣，對於客艙內的知識也不屬於那種會追根究底、追求絕對標準化的個性，關於其他部門的業務更可說是一知半解。一直過著平庸的生活，個性上也不是特別會追求表現的類型，到底怎會說出喜歡這個產業這種話，還真是毫無頭緒。後來，我們世俗地得到了共識，或許是喜歡這份工作的附加價值、生活型態、甚至薪資福利，遠大過於我喜歡飛行這件事。

不過，飛行難道不快樂嗎？我幾乎無時無刻都在喜樂憂悲的情緒中掙扎著。很開心啊，但也還是會不開心。也許朋友們只是出自於關

心的提問，卻讓我莫名壓力甚大。想起某次與一位較資深的同事聊起這件事情，她分享著她進入公司即將二十年了，人生精華的青春年少都奉獻給這片浩瀚的天空。

「前幾年的確很興奮啊！一切都很新鮮。但當自己逐漸上手，想去的地方都大致去過了之後，沒日沒夜的煎熬與反覆著相同的工作內容都讓人感到疲乏。我記得我第三年有一段很嚴重的徬徨焦慮期，開始懷疑自己的生活是否就這樣定型了。

接著每隔數年都會有一段小小的撞牆期，偶爾遇到一些荒唐的事情，或當一個人獨自在遙遠的國外度過最該與親友相聚同樂的日子時，都會覺得自己好像差不多快走不下去了。但飛行的日子就如同班表一張一張地快速過去，等不及我反應，一下子第一個十年就過去了，接下來第二個。工作之於生活就好像洗頭洗了一半，社區卻突然停水一樣，不管用什麼辦法，每個人都會堅持要把頭髮清洗乾淨吧！」

我想，或許大部分的人都像這位姐姐一樣，當訴說著自己的過往經歷，心情已不再如同當年一樣激昂，反倒是一種平靜的狀態，因為日子其實也是這樣靜靜地就走了過來。

面對工作的心態會隨著自己的成長而有所改變，沒有誰能夠完全預測將來的轉變，又或者能夠解釋要做到怎樣的地步才能算是成功。生活中所有事本就是一體兩面，凡事都有你深愛不已的理由，過度活在別人欽羨的目光中，反而容易忘了自己為何而活。

其實只要知道目前的生活是開心的、是喜歡的、是能不斷進步並有目標可以追尋的，不管未來做什麼，那都會是自己的意義，也就夠了，何必再為了他人固有的既定印象，勉強的形容與解釋自己的全部。

人生本來就不應該只存在一種狀態，能將自己好好扮演到位的人，都非常不簡單！

過於擔心生命中的得與失.
反而無法珍惜當下的美好.

澳洲
Austral

旅行不如留點遺憾・墨爾本

　　摩羯男，本身就是難相處的偏執計劃狂。
對於旅行的看法也是。

　　以前認為旅行最有趣的部分是開始搜尋目
的地資料、上網參考他人撰寫的遊記、從每張
驚艷雙眸的攝影作品中，去推算前往每個景點
時拍照會是向陽或是逆光的情況，再統整出一
份獨家攝影密技，按照時間與地點規劃出完整
行程表，開始幻想當自己踏上旅程、身歷其境
時會是怎樣的感受。

　　身為摳門派掌門人的我，絕對不容許多花
一毛冤枉錢。多方比較各家旅店，尋覓交通便
利、價格便宜、CP 值最高的落腳處；事先規劃
妥所有交通路線和轉乘方案，安排最有效率的
最佳路徑；捨不得放棄任何推薦的必備清單，

接著才在旅途中一步一步檢視自己的 Checklist，逐項打勾，並自得意滿。

當時的我，還天真以為這就是全世界最美好的旅行方式。直到因為工作的關係，旅行回歸到現實，變成日常生活當中片刻偷閒的時光，我突然回想起某次獨自在澳洲墨爾本搭乘 Puffing Billy（普芬比利）蒸汽火車時，偶遇正在澳洲度蜜月的那對新婚夫婦。

為了體驗全澳洲唯一保存最完善的蒸汽鐵路火車，即使計畫啟程的早晨路面上積滿連夜落下的雨水，仍不減內心藏不住的興奮。

我站在車站內密密麻麻的列車資訊前一點也不感到慌張，因為早有許多先驅者發表過眾多圖文並茂的攻略，充分的事前準備讓我很清楚該如何購買車票、如何到達正確月台，抵達後該往哪個出口、順著哪一條道路再右轉後直行去轉乘蒸汽火車。一路上我就像是位熟門熟

路、生活在當地的在地人一樣，自信滿滿的跟隨遊記攻略的指示，踏上別人曾走過的旅行腳步。

關於旅行、關於生活，無論晴天還是下雨天，真正重要的是自己當下的心情。所以別讓壞天氣影響出遊的心境，因為你永遠不知道何時會突然放晴。

當火車抵達至目的地 Belgrave（貝爾格雷夫）時天空突然放晴。

全澳洲唯一能盪在火車外的蒸汽小火車，如果遇到下雨或是氣候不佳等狀況即會立刻取消行駛。因為噴發出的蒸汽中含有部分煤灰成分，如果燃燒未完全就非常容易釀成森林大火。我購買只到中繼站 Lakeside（湖濱站，位於艾莫瑞德湖公園內）的往返車票也乘坐將近八十分鐘，事後聽聞大部分旅行團來這裡都只坐單程至最近的車站約莫十分鐘的車程就離開，最美的景色還來不及欣賞就迅速結束，默默慶幸自己沒選擇跟旅行團旅遊，決定自行前來是最正確的決定，我一定是世界上最幸運的老男孩！

由於當天遊客不多，所以每一節車廂幾乎都沒有滿座。當蒸汽火車開始移動後，我便開始不停更換著身上的攝影器材，時而用單眼捕捉綿延火車巧妙過彎的經典畫面，時而用 Gopro（運動攝影機）錄製列車行駛的影片，時而又拿起手機與自拍棒紀念自己也曾到此一遊的紀念。但約莫經過半小時後，我收起所有的攝影器材，單純地望著火車行駛過的景色。這時，與我坐在同一車廂的男女或許感受到我眼神

透露些許無聊，便開始與我交談。

　　他們是一對來自香港的新婚夫妻，彼此交往一段時間後便決定步入禮堂，目前正在澳洲展開為期半個月的蜜月之旅，墨爾本是他們的最後一站，隨即就要返回工作崗位開始全新的新婚生活。他們不斷與我分享這趟旅程中各種芝麻蒜皮的小事，細節內容就如同日常一般瑣碎，只是抽換了一個故事場景罷了，彷彿這些事情套用在他們居住的城市也都可以進行，兩個人的態度就只是換了一個地方生活。他們也對於我自己一個人出遊，卻還走了這麼多行程感到十分驚訝。

　　「你一個人來這旅遊？想必你的功課一定做得很充足吧！剛才我們錯過了前往 Olinda（奧林達小鎮）的公車，沒有吃到網路上大家都推薦的那間知名肉派店實在有些可惜。不過旅行對我們來說本來就

是這樣隨遇而安啊！後來後來，我們再也不喜歡將旅遊行程查得太詳細。因為這樣，當我們到達目的地時，已經沒有什麼好驚艷的，雖然可能會因此錯過某些重要景點，但是又何妨？無法真正用感官去感受與體會當下的一切，那樣才真的太可惜了！」

因為不想留下任何遺憾，反而錯失旅行中巧遇驚喜的機會。

旅行其實本該讓自己放鬆、隨性，無所事事也可以變成一件意外的好事。直到最近才發現，每個城市留點遺憾本是好事，因為它給了我們再次回訪的理由。

真實地感受曾經活過的滋味，而並非讓記憶被吞噬於任何的影像與文字之間。

我想，我愛的旅行方式變了，而且更適合現在的自己。

想要珍惜的距離・雪梨

　　沒有人是天生勇敢的吧？

　　我的右手中指指節上有一道很細的傷疤。那是小時候太用力洗杯子，不小心捏碎了我的史努比玻璃杯，割了很深一道傷痕的緣故，因為出血太多，害我嚇得原地蹲下叫媽媽！我是打針抽血一定會把頭撇開的膽小鬼，幸好沒有絕頂聰明到可以考上醫學院，省著擔心自己那麼怕血該如何是好。

　　近期一趟的「搬家孝親之旅」是去爸爸朝思暮想的雪梨歌劇院。雖然我不知道他哪來的想法，但每當我詢問他們有沒有什麼想要去的地方時，他總會各種明喻、暗示地問我：「雪梨歌劇院很遠嗎？」如果都這麼清楚地表示而我還不帶他們來，我這個兒子也實在太不應該。

　　不過，隨著帶他們到異鄉旅行的經驗越多，旅途上吸引我的不再是當地的風景名勝和歷史古蹟，反而是他們逗趣的互動模式以及平淡無奇的日常生活。整趟雪梨之旅令我最喜歡的畫面是一張對焦失敗、構圖不夠完整的照片。看著爸媽彼此笑得

燦爛、眼神中又充滿愛與活力，能帶著他們探訪新事物，我曾走過的
道路也能變成他們的世界，便是我曾幻想過的美好生活。

　　直到有一天，不小心轉到電視的宗教頻道，裡頭的主持法師他這
麼說：「當你擁有幸福與快樂的同時，你必須要了解……有一天它可
能也會消失。」

　　一開始我還覺得他活得太過悲觀了吧？生活本來就會有起有落，
問題是我們該如何取得平衡？過於擔心生命中的得與失，反而無法珍
惜當下的美好。不過，我最近才深刻體會到，或許他想要傳達的訊息

是生命的無常，以及往往令我們無法預測的未來。

　　小時候，矮不隆咚的身材、腿短短的，要從鄉下奶奶家走到巷口的柑仔店，就像是經歷了一趟無與倫比的偉大遠行。

　　穿過兩側高聳入雲的龍眼樹，沿著牆面斑駁的水泥高牆、拐個彎，轉角那家人飼養的土狗總是凶狠又特別愛吠，樹叢旁的水溝要特別小心安全，因為有次堂姐玩著扭扭車不小心跌進了臭水溝裡，整身狼狽。總覺得要走上好久才會到柑仔店，帶著撿紅點贏來的零用錢買餅乾糖果，是暑假與過年每日固定的行程。

　　長大後，遙遠的不再是巷口的柑仔店，而是東奔西走地忙著向世界探險討生活。更多更艱辛的道路也都硬著頭皮挺過。這一瞬間，世界突然變得很近，但是小時候那趟冒險之路，卻永遠停留在回憶裡。那天，陪著奶奶最後一次走上了記憶中的那條路，送她到小時候我們最愛的那家柑仔店前。

　　每次返家的路上，我總不禁思考異鄉的遊子誰不是翻山越嶺、遠走他鄉闖蕩，去追尋自己的夢想呢？遠離熟悉的環境，練習在陌生的城市找尋歸屬，不斷在生活與生存之間相互拉扯，只為了找尋一個不願妥協與放棄的理由。

　　時間是把雙面刃，在生死面前我們活得渺小，不過最重要的是在快樂與幸福逝去之前，是否把握住了每次擁有的機會，以便勝過於失去後無止盡地想念？

　　或許，變成大人也沒什麼好處吧！

　　兒時一條相同的道路就算走上千百遍也不曾厭倦，長大後卻為了週而復始的生活感到厭煩。是我們變得無聊？還是生活開始變得索

然無趣？最近周遭發生好多事情，都讓我更加體悟珍惜當下擁有的一切，遠勝過於日後的悔恨與無限思念。

　　勇敢是可以練習的嗎？還是時候到了就會渾然天成得到的新技能？

　　我仍走在通往未知的道路上，望著爸爸當時在醫院每日緩慢努力前進的背影，我才發現，無論走到何處，這段回憶裡的路途，是我一生都不會忘記的距離。

　　是你的勇敢讓我們堅強，也是你的堅強讓我們更加勇敢。

每個人都會變老，但並非每個人都會長大

荷蘭 Netherla

長大的滋味・阿姆斯特丹

　　說來抱歉，我總是懷抱著過多複雜的情
緒出現在此，使得眼前的視野被當時的心境
感染，變得多愁善感。陰雨，時常就是我的
阿姆斯特丹的心情寫照。睡醒後不知身處世
界的何處聽起來固然浪漫，但也道盡不少擺
渡人的血淚與辛酸。

　　對於家鄉的眷戀是個習慣，終其一生都
改不了、也戒不掉，時時刻刻警惕自己到哪
都要記得自己從哪裡來，該往哪兒去。但當
家鄉的概念逐漸變得抽象，遷徙過一家又一
家的飯店，不知道回到哪裡才算是屬於自己
的世界。記憶中兒時的畫面逐漸模糊，不知
多久沒有陪伴屬於自己的城市一塊成長，回
憶還停留在離開前的結點，驚覺變化時，我

們早已成為那位唐突的異鄉客。

　　長大的滋味，是否是嘗盡過人生百態之後，發現小時候覺得苦澀的啤酒，突然變得順口好喝。是生活太苦？亦是啤酒開始回甘？長大，並非某日醒來才發現自己變老了，生活有太多訊號暗示著我們是該長大了，得學習與世界打交道，處理一些沒想過會發生的問題，然後負責面對。所以我就說啊！人，怎麼可能一夜長大。

　　阿姆斯特丹是一個隨處充滿「XXX」的城市。從市徽、旗幟、雕像、門牌、路樁、甚至紀念品上，隨處都可以看見這樣的符號。一開始並不以為意，只覺得蠻特別的，後來看到越來越多才引發我的好奇心，查了資料後才了解，這三個「XXX」分別代表著水、火和黑死病。這個符號是詛咒阿姆斯特丹的剋星，可在樂觀的荷蘭人眼中不僅成為阿姆斯

特丹市徽，還成了阿姆斯特丹的守護者，如今更像是這個城市的幸運符一樣，凝聚著古往今來，造就了城市最精華的精神。

此時此刻，我也正需要一點荷蘭人的樂觀運氣與態度。走了世界這麼多地方才更能夠深刻了解，世上絕對沒有任何什麼事情，比健康更為重要的。

「每個人都會變老，但並非每個人都會長大。（*Everyone will get old, but not everybody will grow up.*）」我反覆思考著某趟航班後，經理下班前所分享的話，變老與長大之間是有很大差別的。變老或許只是伴隨著年紀的增長，臉上多了幾道歲月的痕跡、頭髮少了、肚皮圓了，體力與精神不如從前；但長大意味著生活經驗與歷練的累積，在蛻變的過程中找尋未來人生的方向，並開始學習承擔責任。

我第一次意識到時間遞嬗的可怕，並非大學畢業或者拿到工作的第一份薪資。而是當家中不善駕駛的我，竟要載著父母前往醫院看病時，我才驚覺自己再也不能只是一個遇到問題就推拖別人處理的孩子了。

　　向來平時生活規律養身、保有固定運動習慣、身體相當硬朗的爸
爸，時常因為血壓異常飆高需要按時服藥控制，因為是老毛病了，所
以總是不以為然。但某次的健康檢查時，醫生察覺異狀，經歷了無數
次的追蹤與診斷，最後在膽囊內部發現包著的一顆腫瘤，經過醫生多
方的評估後，建議立刻進行手術切除。手術後我向公司請了將近半個
月的假，回家與媽媽和姊姊們輪流照顧。平時我在家充當外甥女們的
保姆，偶爾與姊姊一同去醫院陪爸爸做復健。醫生說幸好及時發現與
處理，否則當這種隱性的腫瘤一旦發作，情況都不會像爸爸現在這樣
恢復的這麼理想。

　　時間，或許用它的方式逼趕著我們快速成長，但卻又在某一時
刻突然走得緩慢又安逸，然後最終趨於永生永世的平靜。那段在醫院

與職場兩邊不斷奔波的時間，突然讓我意識到以前自己追求的忙碌生活，其實是在所有的精彩背後，追求未來某刻寧靜的時光而已。

的確，我們都期待著改變，在成長的路上、變與不變的過程中不斷拉扯。因為任何值得去追尋的理想，都沒有捷徑。我們永遠都不知道最後什麼事情會使我們成功、使我們快樂。長大後的課題是永無止盡的，當生活的熱情不再，靈魂也終將不再年輕。變化的也只是年齡上的數字，而數字本身卻不具任何意義。

就像幾米繪本所說：「世上最美好的事是，我已經長大，你還未老，我有能力報答，你仍然健康。」

當開始學會懂得珍惜擁有、惦記著故鄉的眷戀、無論身在世界何方都能牢記家的方向，或許這才是長大最真實滋味。

別再為了合群‧庫肯霍夫

　　旅行途中有許多自己的堅持，這回再次驗證自己無聊的理論。那就是——任何東西絕對都要適可而止就好，服用過量都不是一件好事。

　　荷蘭庫肯霍夫被稱作世界上最大規模的花園。還記得第一次參與荷蘭的鬱金香花季時，一開始不斷驚呼眼前壯觀的花海、五彩斑斕的鬱金香遍地開花、姹紫嫣紅、花團錦簇、百花爭豔......，將過去所有學習過「形容花朵開得茂盛」的成語都用上一輪都無法比擬內心的激動。就算不停地狂按快門、捕捉一堆看起來一模一樣的照片依舊沾沾自喜，也不願意錯過園區內任何一處的猖狂。但經過三個多小時視覺轟炸，審美觀已逐漸疲勞。

　　依據我多年經驗，花朵拍攝的技巧就是找到一叢花，確定目標之後就不斷借位拍攝，各種矯情的角度、姿勢與表情，然後各種嘗試、拍到心滿意足為止，就算只是一小撮的花朵瞬間也能成為整片花海，影像呈現的精彩永遠會比現場觀看更驚為天人。熟知此道理的我對於鏡頭後的真相興致缺缺、更何況是經歷徹夜工作未眠、拖著疲憊身軀苦撐著，到最後……「欸，那裡也是鬱金香。好啦，好像可以回去了。晚餐要吃什麼呢？」不論多有趣，最終也變得無趣。

　　有了第一次的經驗，明白世界上最大的人造花園早已無法滿足我心目中所期待的鬱金香花田，兩者所存在的差異，便勾起我騎乘單車去探索花海的渴望。

　　不過，即便我已盛情邀約其他同事與我同行，但他們都認為，難得在花季前來荷蘭還是希望能一睹遠近聞名的庫肯霍夫。畢竟，剛下班沒有充足休息，便要在寒風中騎車勇闖田野，怎麼想都不是件容易的事，怎麼還會有風雅興致賞花呢？但實際親身騎過一回，便能體會荷蘭人為何如此著迷在城市中、田野間踩著單車奔馳。

　　荷蘭的單車文化是荷蘭人獨有且無法複製的生活態度。除了政府完善的規劃與推廣，清晰的單車路線、路標與地圖更令單車與生活緊密相連。單車不僅是生活中必備的交通工具，更是休閒活動重要的一環。

　　在寬敞的車道上悠閒地騎著單車，就算兩旁的鬱金香花仍尚未全數綻放，但遼闊無邊的花田才是我幻想中該有的模樣。我隨性自拍了一張獨自騎車的照片傳送給朋友，得到他的回應：「天啊！一個人去

騎車難道你不寂寞嗎？為何不跟大家去花園輕鬆走走就好？你真心超不合群！但，這才是我認識的你。」

看到這樣的訊息，我忍不住笑了出來。

想起第一次到達荷蘭，也是一樣下班就獨自搭捷運再轉火車，舟車勞頓又徒步千里才辛苦來到贊丹風車村探險，之後前往市區用餐後才回到飯店休息。半夜凌晨三點在沙發上突然驚醒，才發現自己仍戴著眼鏡、穿著球鞋坐在電燈全亮的房間沙發上，滑著手機不小心睡著了。

「我熱愛旅遊、喜愛結交朋友」遙想當初顫抖著嗓音站在面試考場，面對眾多考官卻仍大言不慚地吐出這幾個字的男孩，倘若這份工作能夠實踐他的夢想……我猜，或許完成了一半。

的確，這份工作在短時間內給了他踏遍異鄉、開拓視野的機會，也「似乎」交到很多朋友。有些人初次見面就讓人有相見恨晚的惋惜，但也有些人就算你掏心掏肺、掏空自己，下次見面也仍是一場空。這份工作讓人學會如何快速與各式各樣的人相處。無論好壞，下次相見總是無期，反倒更讓人珍惜當下珍貴的緣份。也正因如此，我開始學會不再為了結交新朋友感到興奮，或是為了彼此之間的誤會而離開感到特別悲傷。

畢竟，來來去去，生命不一直都這樣反覆無常嗎？突然懷念起那位隻身旅行在路上的自己。

　　世界這麼大，有緣一起朝著同個方向走一段路，是緣份，且行且珍惜。但也總有需要揮手與同伴道別的時刻，獻上彼此最深的祝福，預祝將來一路好行。

　　在這個人云亦云的時代，荒唐與謬論都生於他人之口。對於任何事情，我們都能高談闊論，成為世紀末最偉大的評論家，卻往往很難成為停止散播謠言的智者。有時候，不禁思考那些讓我嚐盡苦頭與眼淚的關係和回憶，就算結局早已變成無解的千古懸案，再去追究也無濟於事，所有令人痛過、恨過、傷心過的眼淚，其實只是在證明曾經擁有的證據。一切的行為就好像美麗的七彩泡泡那樣絢爛迷人，奮不顧身地撲向前，最後也只是飛蛾撲火，惹得自己渾身狼狽濕透。

　　但追逐、嬉鬧的過程令人開心，感到滿足且幸福不就足夠了嗎？

　　後來，我不再為了表現的「合群一點」，而去輕易迎合別人的期待與朝向的道路，要能嘗試在一切不尋常中走出自己尋常的生活。

　　生活是自己的，這樣的日子得持續下去，或急或徐、或深或淺，得一步步賣力向前走出自己的道路。因為所有的一切都是足跡，也是生活延續的軌跡。以前總期待能將自己丟到陌生的環境，去冒險、去旅行。但經歷了那些日子，現在卻覺得在熟悉的城市當中，旅行的最終目的，原來只是為了學會在熟悉的城市，也能好好生活。

　　當不再盲目重複追求在相同的景點拍照打卡，開始能帶著一本書、一台筆電隨意選擇一間喜愛的咖啡廳靜下心來好好閱讀、慢慢寫作，就算看著成群同事共同聚餐玩樂的照片，也不再為了獨自一人而

感到寂寞，因為窗外的街道上滿是親切的笑容，多元且包容的文化讓人不再因個人既有的價值觀與標準，去恣意評價他人的生活，荷蘭漸漸成為我越來越喜歡的國家。

對我而言，這樣輕鬆自在的狀態，不僅想要獨佔眼前的所有，更期待能參與它未來的轉變。旅行的生活或許就如同吸毒，緩慢地、無聲無息地喜歡上屬於旅行中的自己，逐漸開始變成一種戒不掉的癮。

而我，卻甘心為它終身囚禁。

回憶是堆疊累計的，旅行也會有加乘效果。 英國 England

反正有的是時間·牛津

記得那天，我們最常掛在嘴邊的一句
話就是：「反正我們有的是時間。」

不同於節奏緊湊的跟團旅遊，我們有
一整天可以在牛津隨意閒晃，多了別人一
倍以上的時間，卻少了別人兩倍以上的行
程。海明威曾說：「如果你足夠幸運，年
輕的時候在巴黎居住過，那麼從此以後無
論你到哪裡，巴黎都將一直跟著你。」我
懷著半信半疑的態度，苦思著年輕時接觸
的城市，真的有那麼大的影響力嗎？對於
現在的我而言，眾多走過的城市街道真的
會在午夜夢迴浮現夢中嗎？

旅行的目的地，不是貫穿城市血脈的
一條河、搭起百年興衰的一架古橋、偉大

歷史名人成長的一幢故居、靈魂與信仰歸屬的一間古寺或教堂，要不然就是世界著名的景點地標建築。這些簡單的元素集合，粗略地組合成一座城市的基本雛形。

　　但還有一個元素是所有分類當中，最無法令我感到興趣的，那就是孕育英才的當地著名學府。以前總覺得參觀各地大學，會有一種「即使明知道考不上，但逛完整個人都能瞬間變聰明」的錯覺，希望有朝一日有機會也能來這裡唸書。但畢竟是幻覺，總是要醒的。所以若非真有其特別之處，校園巡禮這種行程，對我來講還是能免則免。

　　對於曾是哈利波特書迷的我，漫步於牛津大學城最大的樂趣，除了一探電影情節中出現過的場景，其餘的時間便是發揮一下自己的想像力，想像這座大學出過的許多名留青史的偉人曾經也行走於同一條道路上、一不小心就會撞到騎著飛行掃帚的巫師、或者偶遇手拿著懷錶、急著參加慶生茶會的兔子先生與在後頭追趕他的愛麗絲。整座城鎮中到處都充滿著無限童趣的創造力與驚奇。

　　至於其他什麼學院、什麼圖書館的，我倒不是很在乎。無須每個景點都打卡參觀，少了也都不覺得惋惜，沒有什麼是非去不可的理由，就算拍照耽誤了也沒差，還能愜意地在咖啡廳消磨時光，反正我們有的是時間。

　　我們異口同聲表示：「啊～大家旅行的心態，真的都和剛上線的時候不一樣了呢！」

　　之後返回到臺灣，下班前當天的經理突然宣佈：「我工作四十一年，下個月要退休了。四十一年的時間快到我來不及反應就要結束

了。今天能與優秀的各位一同工作都是緣分，只有四個字分享給大家……『後會有期』。」

　　將人生歲月中最重要的青春年華都奉獻給這片無垠的天空，簡單四個字說得雲淡風輕，但背後究竟深藏著多少的故事與重量？在天空中飛行的時光，總是走得太緩，又衝得太急，生活就已隨著每月例行公事的班表，一張一張地度過。

　　關於旅行、工作與生活三者之間如何取捨，也許永遠沒有讓人絕對滿意的標準答案。對於自我生涯的規劃也絕非三言兩語便能完善交代。人啊，往往只有在得知即將結束前才會想起一開始懷抱的初衷，但無論最終飛向的終點是何處，都要提醒自己牢記曾經喜愛又享受飛行的自己。

　　但倘若一切看得見盡頭，我到底還剩多少時間呢？

送你日不落的想念・倫敦

「哎呀，我媳婦生了，是個健康的女娃。」中國大媽興奮地看著手機剛傳來的訊息呼喊著。

「你貴人福相，孫女自然平安長大。這次得叫小張幫我們全體拍張合影，紀念紀念。」一旁的朋友隨即道賀恭喜並搶著看女嬰的模樣。

其實，我一直煩惱著該如何紀錄有關旅行的故事。

由於工作的性質，我的旅行開始像是零散的篇章，總是發生得過於突然，也隨之倉促結束；但旅行中的故事卻在回憶時，變成一部沒

有結局的連載小說，無論何時何處，依舊清晰可見、回味無窮。當決定開始記錄這幾年所發生的故事之後，太多隨即想要分享的照片和故事一時又讓我無法決定如何選擇。剛好，一次旅行的過程中，在土耳其機場候機室等待轉機前往倫敦的時刻，一個高亢激昂、強迫眾人得假裝不經意所聽聞的喜訊，似乎是個不錯的開始。

　　獻給剛到世界上的新生命，但願這份小小靈魂，也將能踏上旅行這條屬於旅人的不歸路。

　　在抵達之前，早有耳聞倫敦的冬天潮濕又冰冷，行李箱內除了充滿臺灣味道的精神糧食之外，厚重的外套與發熱衣褲就佔滿大半個

行李箱。大家都勸我不要冬天去英國，尤其是我這個鼻子過敏很嚴重的人，光是應付流鼻水與打噴嚏，其他什麼行程都可以不用安排了。

　　或許頻繁短暫停留的外站生活，導致體內自有的恆溫系統早已整組壞去。唯一不習慣的只有冬天的歐洲日照時間實在短得可憐，早上八點還尚未天亮，下午四點就已經是霓虹閃爍的模樣了。對於不喜夜生活、日落天黑就想回家、需要大量日照時光的我來說，實在有些不適應。但，也是這個季節，才有機會遇見隨處充滿聖誕氣氛的景致。旅行，其實根本沒有什麼所謂

最好的時刻吧？我在這最壞與最好的季節初次到來「大不列顛日明明很早落王國」，依舊喜歡這樣生活隨著腳步，持續移動於不同城市之中的感覺。

　　回憶是堆疊累計的，旅行也會有加乘效果。

　　有時，不得不佩服這一切。在原先一片荒蕪的海德公園，憑空搭建出這樣充滿氣氛的聖誕市集與樂園，無論聲光效果、佈景精緻度或是多元的遊樂設施種類，都讓人充滿驚喜。不論是否懷抱著兒時天真浪漫的幻想，至少這裡還有溫暖的熱紅酒可以讓你盡情買醉，喝飽喝滿。

　　剛好朋友知道我要去歐洲過聖誕長假，轉貼給我臺北日前很火紅的聖誕市集，但看到實體的照片與廣告文宣上的差異比較圖，我也只是尷尬地笑了一下。其實這裡攤販的種類也是大同小異，僅管腹地廣大，但賣來賣去都是差不多的商品與食物，但是在氣氛營造上還真的是望塵莫及啊！還是其實重要關鍵在於賣東西給你的不是金髮碧眼的外國人，而是會叫你帥哥來看看喔的熱情阿桑？臺灣本來就有自己超強的夜市文化，真的不用這樣為難自己沒關係。

　　而眼前的這般場景，讓我瞬間想起了那年暑假，在美國洛杉磯 RCS 移動式遊樂場 Work & Travel 的日子，這根本是當時夜市人生的聖誕節限定版本。

　　美國打工一直是大學時期最想做的事情，第一次離家就到了遠在世界的另一頭，對於那時的我，什麼都新鮮，對任何事情都充滿著好奇，還有一群初次見面就要一起共患難的夥伴們一起承擔與分享，許多關於旅行的第一次經歷，都發生在那個旅行魂默默茁壯、一切還懵懂的年紀。

　　原來，我們都曾在別人的生活中，努力找尋自己的影子，但是最後能感動自己的，卻又都是自己的故事。旅行上發生的故事，回想起來都還歷歷在目。比起那些埋頭套公式苦算數學、最後還是無奈算錯的日子踏實多了。

　　「為理想堅持而戰，生活簡單而不難。」

　　突然意識到，如果不是那些當下所做的決定，我不可能成為現在的我。每一段故事，是否都只是為了拼湊出一個更完整的自己？那些答應自己要完成的事情，那些答應自己要前往的遠方。我拿起紙筆，默默地寫下了自己的期許。

　　我仍走在旅行途中，也同時不斷回顧那些走過的痕跡。

　　畢竟，回憶也屬於行程的一部分，本來就都是場沒完沒了的旅行。

我都忘了遠行的理由

　　二〇二〇年三月二十八日，返臺的航班上曾接觸確診新型冠狀肺炎的乘客，於是展開了為期十四日的自我居家隔離。

　　自從疫情爆發並逐漸蔓延之後，因為工作的緣故需要接觸來世界各地的旅客，複雜的旅遊史與接觸史更意味著將自己暴露在未知的高風險當中，原先職業光環所帶來的是世俗欽羨不已的眼光，此時卻都成為眾人避之唯恐不及的眼神。世界正處於一個混沌的狀態，不僅打亂了我原先與好友們規劃好的年度旅遊計畫，旅行忽然間還演變成使眾人心生畏懼與譴責撻閥的對象。

　　隔離的十四天，我與房門外的世界一點關聯也沒有，僅存的連結只剩下每日兩回定時的體溫回報。對我而言，真實的世界完全停擺，而我則是一頭栽進了遊戲的虛擬世界。透過遊戲主角在未知的國度開

啟新的地圖、解救任務，並且能自由自在地在草原、雪地、沙漠、高原、海洋、火山等地區移動，我彷彿再次遇見兒時沈迷角色扮演遊戲（英語・Role-PlayingGame，簡稱 RPG）、對未知的驚喜充滿好奇、喜愛探索世界的那個男孩。

原來早在很久很久以前，當我尚未出發開始真正的旅行，便已經深愛上出發的滋味。

「*All you've got to do is decide to go and the hardest part is over. So go!*（當你決定要出發，那麼旅行中最困難的部分已經結束。那麼，出發吧！）」我將《Lonely Planet（孤獨星球）》創始者 Tony Wheeler 的這句話視為旅行的圭臬，始終銘記在心。

獨自在遠方醒來，又不知在何處入睡，是兒時天真幻想的浪漫。曾經有段時間因為過於密集的出走，反倒讓心靈感受到前所未有的彈性疲乏、疲憊不堪，莫名地害怕與人群接觸、厭惡各種社交場合，甚至渴望斬斷與世界的一切連結，一心只想靜靜地躲藏在自己舒適的小窩。

當我不再因為旅行而感到興奮，回歸到日常的平淡之後，有一天我在熟悉的城市仍然感受到新鮮，在陌生的環境卻不再感覺到徬徨，那顆曾經迷途的心，總是在世界踩踏著步伐尋覓未來的方向、四處撿拾遺落的破碎回憶，試圖拼湊想像中的模樣，卻終於不再誤把他鄉當故鄉，開始願意接納不完美的自己。

我才發現，一次次出走的過程不僅見證了自我的成長，更在即將結束一段旅程前，驚覺心中依舊保留當初出發的悸動。旅程或許會走到盡頭，但生活絕對不會。想要體驗諾大的世界還是得需要靠自己親自去征服。就像是旅行教導我的定律，有些荒蕪的道路若不繼續往下

走，就不會知道眼前碧海藍天的美景是多麼令人動容。

旅行不一定需要遠方。

因為疫情的緣故被限制了出境自由，周遭的朋友無一不將對於出國的渴望與嚮往，轉換成國內的報復性旅遊。以前每月一張的班表帶領我航向世界各地的風景，總愛嬉鬧戲稱自己到達世界的某處的頻率，甚至比自己到台北東區或信義區還要密集，那些距離我們最靠近的地方往往離我們最遙遠。

這段時間我也終於有機會騰出空擋去探索成長的這片土地。從本島蔓延至許多從未去過的離島地區，我才發現台灣其實處處都充滿世界級的風景，全然不輸給國外的任何景色。更重要的是不再需要為了時差所困，為了各式文化差異而感到不適，前所未有的踏實感更加讓人安心且放心。

我喜歡自己現在的生活狀態，也欣賞持續認真生活的自己。僅管缺少世界各地奇異的景色，但我依舊喜愛分享生活旅行的各種樣貌，如果因為我的文字或影像，能激發起你對於世界的一丁點好奇與渴望，那便是對我最高級的讚賞了。

在世界尚未恢復正常的運轉之前，得迅速先將自己調整回最佳的狀態。我已經等不及要再次張開雙臂、緊緊地擁抱這個世界。關於旅行的故事，我還想繼續說，你仍願意聽嗎？

當旅行的激昂最終成為生活的日常。

於是，週而復始的流浪。

Eddie

旅行，或許是該留些遺憾
我的步城文旅圖

作　　　者	Eddie Ko（艾迪摳）	

發　行　人　林敬彬
主　　　編　楊安瑜
編　　　輯　鄒宜庭
內 頁 編 排　林采瑤、李偉涵
封 面 設 計　鄭婷之
編 輯 協 力　陳于雯

出　　　版　大旗出版社
發　　　行　大都會文化事業有限公司
　　　　　　11051 台北市信義區基隆路一段 432 號 4 樓之 9
　　　　　　讀者服務專線：(02)27235216
　　　　　　讀者服務傳真：(02)27235220
　　　　　　電子郵件信箱：metro@ms21.hinet.net
　　　　　　網　　　址：www.metrobook.com.tw

郵 政 劃 撥　14050529 大都會文化事業有限公司
出 版 日 期　2021 年 02 月初版一刷
定　　　價　420 元
I S B N　978-986-99436-7-3
書　　　號　Forth-024

First published in Taiwan in 2021 by Banner Publishing,
a division of Metropolitan Culture Enterprise Co., Ltd.
Copyright © 2021 by Banner Publishing.
4F-9, Double Hero Bldg., 432, Keelung Rd., Sec. 1, Taipei 11051, Taiwan
Tel: +886-2-2723-5216 Fax: +886-2-2723-5220
Web-site: www.metrobook.com.tw
E-mail: metro@ms21.hinet.net

國家圖書館出版品預行編目（CIP）資料

旅行，或許是該留些遺憾：我的步城文旅圖 /Eddie
Ko(艾迪摳) 作 . -- 初版 . -- 臺北市 : 大旗出版社
出版 : 大都會文化事業有限公司發行 , 2021.02
288 面 ; 17×23 公分

ISBN 978-986-99436-7-3(平裝)

1. 旅遊文學 2. 散文 3. 世界地理

719　　　　　　　　　　　　　　　　109018716